T0209709

Fit for Future

Reihe herausgegeben von
Peter Buchenau
The Right Way GmbH
Waldbrunn, Deutschland

Die Zukunft wird massive Veränderungen im Arbeits- und Privatleben mit sich bringen. Tendenzen gehen sogar dahin, dass die klassische Teilung zwischen Arbeitszeit und Freizeit nicht mehr gelingen wird. Eine neue Zeit – die sogenannte „Lebenszeit" – beginnt. Laut Bundesregierung werden in den nächsten Jahren viele Berufe einen tiefgreifenden Wandel erleben und in ihrer derzeitigen Form nicht mehr existieren. Im Gegenzug wird es neue Berufe geben, von denen wir heute noch nicht wissen, wie diese aussehen oder welche Tätigkeiten diese beinhalten werden. Betriebsökonomen schildern mögliche Szenarien, dass eine stetig steigende Anzahl an Arbeitsplätzen durch Digitalisierung und Robotisierung gefährdet sind. Die Reihe „Fit for future" beschäftigt sich eingehend mit dieser Thematik und bringt zum Ausdruck, wie wichtig es ist, sich diesen neuen Rahmenbedingungen am Markt anzupassen, flexibel zu sein, seine Kompetenzen zu stärken und „Fit for future" zu werden. Der Initiator der Buchreihe Peter Buchenau lädt hierzu namhafte Experten ein, ihren Erfahrungsschatz auf Papier zu bringen und zu schildern, welche Kompetenzen es brauchen wird, um auch künftig erfolgreich am Markt zu agieren. Ein Buch von der Praxis für die Praxis, von Profis für Profis. Leser und Leserinnen erhalten „einen Blick in die Zukunft" und die Möglichkeit, ihre berufliche Entwicklung rechtzeitig mitzugestalten.

Weitere Bände in der Reihe
http://www.springer.com/series/16161

Wolfgang Roth

Die resiliente Führungskraft

Sich selbst und andere gesund führen

Wolfgang Roth
Fürth, Bayern, Deutschland

ISSN 2730-6941 ISSN 2730-695X (electronic)
Fit for Future
ISBN 978-3-658-33085-9 ISBN 978-3-658-33086-6 (eBook)
https://doi.org/10.1007/978-3-658-33086-6

Die Deutsche Nationalbibliothek verzeichnet diese Publikation in der Deutschen Nationalbibliografie; detaillierte bibliografische Daten sind im Internet über http://dnb.d-nb.de abrufbar.

Planung/Lektorat: Nora Valussi
Springer Gabler ist ein Imprint der eingetragenen Gesellschaft Springer Fachmedien Wiesbaden GmbH und ist ein Teil von Springer Nature.
Die Anschrift der Gesellschaft ist: Abraham-Lincoln-Str. 46, 65189 Wiesbaden, Germany

Danksagung

Es ist meine tiefe Überzeugung, dass kein einziger Gedanke existiert, der noch nicht gedacht wurde. Jeder Autor gibt bereits Gedachtem nur (s)eine eigene, neue Form.

Daher möchte ich mich aufrichtig bei all meinen – mir bekannten und unbekannten – Vordenkerinnen und Vordenkern bedanken.

Darüber hinaus ist es mir ein Herzensanliegen, mich bei den nachfolgenden Personen zu bedanken. Jede einzelne weiß, was sie zur Entstehung des Buches beigetragen hat. Sei es der Impuls oder die Ermutigung zum Schreiben überhaupt, der „Brückenbau" zu einem Verlag, die professionelle Betreuung der Manuskripterstellung, die grafische Umsetzung oder auch die energetische Unterstützung während der Monate des Schreibens:

Marion, Hannah, Peter Buchenau, Nora Valussi, Amose Stanislaus, Elke Schillai, Dr. Klaus Engelhardt, Michael Maurus.

Meinen herzlichen Dank an euch alle. Ohne euch wäre dieses Buch nicht entstanden.

Inhaltsverzeichnis

Über den Autor

Wolfgang Roth (Jahrgang 1965) ist Diplom-Psychologe und Therapeut in eigener Praxis.

Als Wirtschaftspsychologe und Personalfachkaufmann war er bis 2011 vorwiegend für die Bereiche Aus- und Weiterbildung sowie Personal- und Organisationsentwicklung in verschiedenen Unternehmen verantwortlich. Seit seinem Wechsel in die Freiberuflichkeit arbeitet er als Berater und Therapeut mit den Schwerpunkten Führungskräftecoaching, Resilienzstärkung und Burn-out-Prävention.

2014 gründete er das Institut für Resilienz, ein Kooperationsnetzwerk aus Spezialisten unterschiedlicher Fachrichtungen (Arbeitsmedizin, Komplementärmedizin, Psychologie, Soziologie, Pädagogik), um die Themen Resilienz, ganzheitliche Gesundheit und „gesundes Führen" gemeinsam weiter zu verbreiten.

Über Vorträge, Workshops, Seminare und die Ausbildung zum Resilienzberater leistet das Netzwerk Präventionsarbeit in Kindergärten, Schulen, Hochschulen und insbesondere in Unternehmen, um Gesundheitskompetenz bei Führungskräften zu fördern und somit der rapiden Zunahme psychischer und psychosomatischer Erkrankungen entgegenzuwirken.

www.institut-fuer-resilienz.de

1

Einleitung

Führung braucht Führungskraft und Resilienz, um sich selbst und andere gesund führen zu können.

In einer Zeit rapide zunehmender psychischer und psychosomatischer Erkrankungen schwindet Führungskräften diese Kraft jedoch immer mehr [1].

Sie gehen in die Erschöpfung („Burn-out") bis hin zur Erschöpfungsdepression, entwickeln Panikstörungen, Phobien und Süchte. Manche verzweifeln, verlieren jegliche Hoffnung und ihren Lebenssinn, wählen den Suizid.

Das ist die Realität, der ich als Psychologe, Therapeut und Führungskräftecoach täglich begegne; eine Welt im Stillen und Verborgenen, beinahe eine Parallelwelt. Denn mit Psyche, Erschöpfung und Krankheit können, wollen oder dürfen sich Führungskräfte in der Öffentlichkeit heutzutage (noch) nicht zeigen [2]. Deshalb ziehen sie sich zurück, schweigen, leiden und verweigern nicht selten sogar jegliche Unterstützung. Zum Ausdruck bringen sie sich, wenn überhaupt, meist nur hinter verschlossenen Türen.

© Springer Fachmedien Wiesbaden GmbH,
ein Teil von Springer Nature 2021
W. Roth, *Die resiliente Führungskraft,* Fit for Future,
https://doi.org/10.1007/978-3-658-33086-6_1

Der Nachteil dieser Parallelwelt ist, dass wir weiterhin an dem Glauben festhalten können, es gäbe die Erschöpfung nicht seit Langem in dem vorhandenen Umfang. Dem ist nicht so. Der Handlungsbedarf ist immens und es ist höchste Zeit, dass wir die Themen Psyche und psychische Erkrankung aus der Tabuzone holen.

Stellt eine gesunde Lebensführung in der heutigen Zeit für jeden Einzelnen bereits eine Herausforderung dar, so kann sie für Führungskräfte leicht zu einer Überforderung werden. Denn diese sind – aufgrund ihrer Fürsorgepflicht – zudem für die Gesundheit und das Wohlergehen der ihnen anvertrauten Mitarbeiter (mit-)verantwortlich [3].

Aufgrund dieser Doppelbelastung sollten sie idealerweise über eine besonders ausgeprägte Gesundheitskompetenz (Resilienz) verfügen. Das ist jedoch eher selten der Fall. Sie sind zwar ausgewiesene Spezialisten in ihren Fachgebieten mit einer Vielzahl an ergänzenden Schulungen in Projektmanagement, Zeitmanagement, Organisation, Planung, Zielsetzung, Präsentation und diversen anderen Bereichen, resiliente (Selbst-)Führung haben jedoch die wenigsten gelernt. Und das hat Auswirkungen, sowohl auf ihre eigene Gesundheit als auch die ihrer Mitarbeiter.

Nein, das soll ganz sicher kein „Führungskräfte-Bashing" werden, dazu war ich selbst viel zu lange in dieser Funktion. Ich habe selbst erlebt, wie anspruchsvoll diese Aufgabe ist, und auch, wie schnell das Verhalten von Führungskräften Beurteilungen und Verurteilungen unterliegt, oftmals ohne je ein paar Meilen in ihren Stiefeln unterwegs gewesen zu sein. Es ist meine tägliche Erfahrung, dass sie der anspruchsvollen Aufgabe, sich selbst und andere resilient zu führen, nicht nachkommen können. Ihnen fehlt gewissermaßen noch ihr „Resilienz-Führerschein". Auf welchen Erfahrungen basiert diese Aussage?

Zum einen war ich selbst ein Jahrzehnt in Führungs-verantwortung. Ich habe in der Praxis erfahren, welche Inhalte aus Sicht der Unternehmen als relevant für *meine* Führungsaufgabe erachtet wurden. Resilienz und gesunde (Selbst-)Führung spielten dabei eine eher untergeordnete Rolle.

Zudem war ich lange Zeit für die Personalentwicklung, inklusive aller Fortbildungen für Führungskräfte, ver-antwortlich: von der Erhebung des Weiterbildungs-bedarfs über die Umsetzung bis hin zur Evaluation der Maßnahmen. Ich durfte also auch erfahren, welche Seminare im Allgemeinen von Vorgesetzten für sich und ihre Mitarbeiter als notwendig und sinnvoll eingeschätzt wurden, welche in Weiterbildungskatalogen angeboten werden, und welche letztendlich auch zustande kommen. Gesundheitsthemen fanden, mangels Teilnehmerzahl, häufig gar nicht statt. Und Seminare, in denen Persönlich-keitsentwicklung, Selbstreflexion, Resilienz oder gesunde Kommunikation und Konfliktlösung im Mittelpunkt standen, wurden häufig von Führungskräften gebucht und besucht, die darin bereits sehr trainiert waren.

Und nicht zuletzt begegne ich den Führungskräften, wie bereits angesprochen, heute täglich. Sei es präventiv im Bereich von Vorträgen, Seminaren, Beratungen und Coachings, oder auch therapeutisch in entsprechenden Fachkliniken (Sucht, Psychosomatik, Schmerz, Trauma), wenn ihnen die (Führungs-)Kraft abhanden gekommen ist. Und dann berichten sie von sich aus über ihre fehlende Gesundheitskompetenz und das unzureichende Wissen und Können, was resiliente (Selbst-)Führung anbelangt.

Dass sich die Situation so darstellt, ist aus meiner Sicht nicht verwunderlich, denn Gesundheitskompetenzen werden Stand heute weder in unserem Bildungssystem noch in den Unternehmen hinreichend vermittelt.

In einer Zeit rapide zunehmender Erschöpfung und psychischer Erkrankungen in unserer Gesellschaft besteht diesbezüglich ein immenser Nachholbedarf.

Heutzutage bleibt keine Führungskraft mehr von Burnout, psychosomatischen oder psychischen Erkrankungen „verschont", sei es direkt oder indirekt. Gesundheitswissen – inklusive psychischer Gesundheit – kann also schon lange nicht mehr als „nice to have" betrachtet werden, es ist längst zu einem „must have" geworden. Die Gefährdungsbeurteilung wurde nicht ohne Grund um die Erhebung psychischer Gefährdungen erweitert [4]. Wirtschaft und Psychologie dürfen sich zukünftig noch wesentlich stärker verknüpfen.

Dieses Buch handelt von resilienter (Selbst-)Führung und will Führungskräften das notwendige Gesundheitswissen vermitteln. Es soll sie in ihrer Aufgabe, sich selbst und andere gesund zu führen, unterstützen. Denn Wissen ist Macht und der erste Schritt auf dem Weg, der empfundenen Ohnmacht der Führungskräfte etwas entgegenzusetzen. Idealerweise sollte der Aufbau von Gesundheitskompetenzen frühzeitig und präventiv in unserem Bildungs- und Erziehungssystem stattfinden, in Kindergärten, Schulen und Hochschulen, und in Unternehmen auf jeden Fall während der Ausbildungszeit, denn unter den Auszubildenden sitzen bereits die zukünftigen Führungskräfte.

Weil wir von dieser Vision jedoch noch ein ganzes Stück entfernt sind, ist dieses Buch entstanden. Ein Buch für Menschen in Führungspositionen, die sich eigenständig und selbstverantwortlich das notwendige Wissen aneignen möchten.

Möge Sie die Lektüre dabei unterstützen, Ihre persönliche FührungsKRAFT zu stärken und „fit for future" zu werden beziehungsweise zu bleiben. Ich wünsche Ihnen viel Freude beim Lesen und viele hilfreiche Impulse.

Sollten Sie noch nicht sicher sein, ob dieses Buch das Richtige für Sie ist, hilft Ihnen vielleicht die Beantwortung der nachfolgenden „W-Fragen" bei der Entscheidung.

1.1 Die „W-Fragen"

WOFÜR? – Die Vision dahinter
Menschen stärken und Gesundheit fördern

Resiliente Menschen, in einem resilienten Miteinander, in resilienten Strukturen.

WARUM? – Zielsetzung
In einer Zeit rapide zunehmender Erschöpfung sowie psychischer und psychosomatischer Erkrankungen gewinnt Gesundheitskompetenz für jeden Menschen, und speziell für Führungskräfte, immer mehr an Bedeutung. Zum einen, um persönliches Leid zu reduzieren und Wohlbefinden zu fördern, zum anderen aus betriebs- und volkswirtschaftlichen Gründen.

Für WEN? – Zielgruppe
Das Buch richtet sich allgemein an Menschen, die sich für ganzheitliche Gesundheit, Salutogenese, Resilienz und gesunde (Selbst-)Führung interessieren, sei es für die private oder berufliche Lebensführung. Im Speziellen richtet es sich an Führungskräfte in Unternehmen, Behörden, Institutionen und anderen Einrichtungen, die über das eigene Wohlbefinden hinaus auch (Mit-)Verantwortung für die Gesundheit anderer Menschen tragen. Sie sind einer Doppelbelastung ausgesetzt und befinden sich nicht selten in einer „Sandwich-Position" aus konkurrierenden Bedürfnissen und Erwartungen seitens Unternehmensführung und Mitarbeitern, die bei ihnen

selbst zunehmend zu Überforderung, Erschöpfung und Krankheit führt.

Darüber hinaus eignet sich das Buch für alle „Stakeholder" [5] in Unternehmen, die an betrieblicher Gesundheitsförderung, betrieblichem Gesundheitsmanagement und der Umsetzung gesünderer Verhältnisse sowie der psychischen Gefährdungsbeurteilung beteiligt sind: Geschäftsleitungen, Personalleiter und -entwickler, betriebliche Sozialdienste, Arbeitsmediziner, Betriebsräte und Gesundheitszirkel.

WAS? – Die Inhalte des Buches

Sie finden in diesem Buch das Wissen und die Erfahrungen aus 25 Jahren intensiver theoretischer und praktischer Auseinandersetzung mit Salutogenese (Entstehung von Gesundheit), integraler, ganzheitlicher Gesundheit, Resilienz und gesunder (Selbst-)Führung. Sie erfahren, wie Sie dieses Wissen für sich selbst nutzen und in ihren Führungsalltag übertragen können.

Resiliente (Selbst-)Führung benötigt weit mehr Kompetenzen, als sie Führungskräften aktuell in den Unternehmen vermittelt werden. Die resiliente Führungskraft verfügt neben ihrer Fachkompetenz auch über emotionale, soziale und spirituelle Kompetenz.

Da sich gesundes Verhalten und gesundes Führen nicht losgelöst von den umgebenden Verhältnissen betrachten lässt, werden auch die Rahmenbedingungen, innerhalb derer wir uns bewegen, mit einbezogen. Welche kulturellen und strukturellen Faktoren beeinflussen Gesundheit? Leben wir in „krankheitsförderlichen" Verhältnissen?

WIE? – Menschlich

Der Mensch steht in diesem Buch im Mittelpunkt, nicht die Führungskraft, das Unternehmen, die wirtschaftlichen

Kennzahlen. Denn hinter jeder Führungskraft, jeder Abteilung, jedem Unternehmen und auch jedem Unternehmensergebnis verbirgt sich immer ein menschliches Wesen beziehungsweise die Kooperation von Menschen. Das wird bei den vielen abstrahierenden und anonymisierenden Formulierungen allzu leicht vergessen. Der Mitarbeiter, der Vorgesetzte, der Betriebsrat, die Unternehmensleitung, das Personalwesen, immer ist es ein Mensch. Wir dürfen den Menschen nicht zum Mittel, sondern zum Mittelpunkt machen.

Sie werden in diesem Buch sowohl der Wissenschaft als auch Erfahrungswissen begegnen. Ich persönlich halte beide Erkenntnisformen für wichtig und bedeutsam, beide dürfen sich zukünftig noch mehr verbinden.

Das Buch will zum Nachdenken und (Hinter-) Fragen anregen, sensibilisieren, Impulse geben, keine RatSCHLÄGE verteilen. Als Freund der provokativen Therapie werde ich ab und an provozieren. Ich freue mich, wenn dadurch Reaktionen hervorgerufen werden. Warum? Weil die Situation, wie sie sich aktuell noch darstellt, aus meiner Sicht nicht so bleiben sollte. Es geht um Menschen, deren Erschöpfung und Krankheit, deren Leid und Erleben, manchmal deren Leben. Davor dürfen wir die Augen nicht länger verschließen.

WOZU? – Ihr Nutzen
Sie erfahren, was resiliente (Selbst-) Führung ist und braucht. Sie erwerben Gesundheitswissen und absolvieren gewissermaßen Ihren persönlichen „Resilienz-Führerschein".

Sie lernen ein Arbeitsmodell kennen (Resilienz – Mein Fahrzeug mit vier Rädern), anhand dessen Sie Ihr persönliches Ressourcen- und Belastungsinventar erstellen können.

Sie erfahren, wie Sie eine psychische Gefährdungsbeurteilung durchführen können.

Sie stärken Ihre eigene Resilienz und werden zu einem Multiplikator für ganzheitliche Gesundheit und Resilienz in Ihrem Unternehmen.

WER? – Der Mensch dahinter

Mich selbst hat bei Aus- und Weiterbildungen, Seminaren und Vorträgen stets auch die Person dahinter interessiert. Wer schreibt da, referiert, moderiert oder trainiert? Warum? Was ist die Vision, die Motivation? Falls es Ihnen ähnlich ergeht, lesen Sie weiter. Falls Sie sich sofort den Inhalten widmen möchten, überspringen Sie diesen Teil einfach.

Ein Vierteljahrhundert befasse ich mich nun bereits mit Resilienz. Das Thema hat mich seit meiner Diplomarbeit 1995 im Rahmen der Bielefelder Invulnerabilitäts-Studien [6] nicht mehr losgelassen. Wie entsteht Gesundheit (Salutogenese)? Wie können Menschen selbst unter stärksten Belastungen gesund bleiben?

Als Wirtschaftspsychologe, Personalfachkaufmann und Bachelor „Personalentwicklung in lernenden Organisationen" habe ich das Wirtschaftsleben in unterschiedlichsten Führungsfunktionen intensiv erleben dürfen. Im klinischen Umfeld der Psychologie war ich in unterschiedlichen Bereichen (Psychosomatik, Schmerz, Trauma, Sucht) tätig sowie vier Jahre in der psychosozialen Beratung und Betreuung traumatisierter Menschen nach der Jahrhundertflut 2013 im Raum Deggendorf.

Ich selbst würde mich als einen „Wanderer" zwischen den Welten Wirtschaft und Psychologie, Führungskräfte-training und Therapie bezeichnen, einen „Brückenbauer", der zutiefst davon überzeugt ist, dass Unternehmen und Führungskräfte wesentlich mehr Wissen über ganzheit-liche Gesundheit, Psychologie und ein gesundes Mit-einander brauchen. Dringend.

Aus diesem Grund habe ich 2013 das Institut für Resilienz gegründet, mit der Vision, Menschen zu stärken und Gesundheit zu fördern.

Heute ist das Institut ein Netzwerk aus Ärzten, Arbeits- und Betriebsmedizinern, Wissenschaftlern, Trainern, Mentoren und Therapeuten, die alle an der Umsetzung dieser Vision mitarbeiten. Über Vorträge, Seminare, Workshops und Coachings soll Gesundheitskompetenz gefördert werden.

Führungskräfte, die tiefer einsteigen wollen, können sich in den Fortbildungen zum „Resilienberater/Gesundheit oder Resilienzcoach/Business" zu Multiplikatoren für gesunde und resiliente (Selbst-)Führung weiterqualifizieren.

Was uns alle Mitgestalter des Netzwerkes sehr freut:

der „Resilienz-Same" scheint nach fast drei Jahrzehnten Früchte zu tragen. Resilienzstärkung, Burn-out-Prävention sowie Gesundheitsförderung generell finden immer mehr Akzeptanz in den Unternehmen und bei Führungskräften. Das gibt allen Akteuren den Mut und die Kraft, weiter daran zu arbeiten, einen Gegenpol zur Erschöpfung und der rapiden Zunahme psychischer und psychosomatischer Erkrankungen in unserer Gesellschaft und unter Führungskräften zu etablieren.

Ich freue mich, wenn Sie die Beantwortung der „W-Fragen" zum Weiterlesen animiert hat. Im Folgenden werden der Aufbau und die Inhalte des Buches beschrieben.

1.2 Aufbau und Inhalt

Im ersten Teil des Buchs betrachten wir die aktuelle Situation. Wir befassen uns mit der Frage nach den Ursachen für die zunehmende Erschöpfung und den rapiden Anstieg psychischer und psychosomatischer Erkrankungen in unserer Gesellschaft und somit auch unter Führungskräften.

Wir werden feststellen, dass in der öffentlichen Diskussion und medialen Berichterstattung noch längst nicht alle Ursachen gleichermaßen diskutiert werden. Es gibt Erschöpfungsgründe, über die aktuell fast ausschließlich hinter verschlossenen Türen kommuniziert wird. Bedauerlicherweise aus nachvollziehbarem Grund, denn die Stigmatisierung psychischer Phänomene existiert durchaus noch. Es gibt jedoch eine Vielzahl weiterer Ursachen für die Erschöpfung und das Ausbrennen von Menschen.

Im Anschluss betrachten wir die Auswirkungen der zunehmenden Erschöpfung aus menschlicher und wirtschaftlicher Sicht. Wir beleuchten die Konsequenzen für das Leben und Zusammenleben Betroffener sowie die Auswirkungen auf betriebs- und volkswirtschaftliche Kennzahlen.

Aus der Betrachtung des Ist-Zustands werden wir eine der Kernaussagen des Buches ableiten: Resiliente Führung braucht resiliente Selbstführung. Die Basis dafür ist die Übernahme von Selbstverantwortung.

Im zweiten Teil wird das theoretische Gesundheitswissen vermittelt, welches Führungskräfte in der heutigen Zeit dringend benötigen.

Was kennzeichnet ein ganzheitlich gesundes Leben und Zusammenleben? Was braucht Gesundheit unter der Betrachtung des Menschen als bio-psycho-soziales und spirituelles Lebewesen? Was brauchen wir auf individueller Ebene, im Miteinander und in unseren Strukturen, um zu gesunden? Woran „krankt" es, dass die Erkrankungen so rapide zunehmen?

Sie lernen das Salutogenese-Modell von Aaron Antonovsky kennen, das Resilienzkonzept und die wesentlichen Resilienzfaktoren, die „vier großen S".

Unter dem Punkt „Was Führungskräfte noch über Gesundheit wissen sollten" beleuchten wir weit verbreitete

Missverständnisse hinsichtlich Burn-out, Stress und Psychosomatik. Wir unterziehen das Resilienzkonzept einer kritischen Betrachtung und skizzieren Risiken und Nebenwirkungen „psychischer Widerstandsfähigkeit" in unserer vorrangig auf Wachstum und Leistung fokussierten (Unternehmens-)Welt.

Am Ende des zweiten Teils gehen Sie mit dem erworbenen Wissen in die Selbstreflexion. Anhand eines Arbeitsmodells (Resilienz – Dein Wagen mit vier Rädern) absolvieren Sie Ihren persönlichen „Resilienz-Führerschein".

Im dritten Teil begeben Sie sich mit Ihrem Führerschein in den Verkehr. Sie übertragen resiliente Selbstführung in resilientes Führen im Unternehmenskontext. Wodurch kennzeichnen sich gesunde menschliche Begegnungen, wie können Sie als Führungskraft ein gesundes Miteinander fördern, was sind resiliente Unternehmensstrukturen?

Wir werden die Bedeutung eines sozial unterstützenden Miteinanders sowie die Wichtigkeit der Integration von Werten, Sinn und Gefühlen in den Führungsprozess beleuchten. Die Darstellung eines gesunden Kommunikations- und Konfliktlösungsprozesses rundet das Kapitel ab.

Anhand eines Praxisbeispiels werden wir eine gelungene Umsetzung in Richtung „Gesunde Mitarbeiter in gesunden Unternehmensstrukturen" kennenlernen. Der Unternehmer Bodo Janssen hat diesen Transformationsprozess mit seinen Mitarbeitern in seiner Hotelkette Upstalsboom durchlaufen. Und das in jeder Hinsicht erfolgreich, sowohl unter menschlichen als auch wirtschaftlichen Gesichtspunkten. Kein leichter Weg, und dennoch dürften die Ergebnisse Ansporn für andere Unternehmer sein, diesen Weg zu gehen.

Im vierten Teil fassen wir die Ergebnisse noch einmal in kompakter Form zusammen. Was braucht eine resiliente Führungskraft, um sich selbst und andere gesund führen zu können und „fit for future" zu werden? Welche Verhältnisse dürfen wir auf kollektiver, gesellschaftlicher und struktureller Ebene erschaffen, um ein gesundes (Zusammen-)Leben zu fördern?

Betrachten wir im Anschluss einige Begriffe, die im Verlauf des Buches immer wieder verwendet werden und über die wir ein gemeinsames Verständnis haben sollten, um Missverständnissen vorzubeugen.

1.3   Begriffserklärungen

Resilienz

Der Begriff Resilienz wird in diesem Buch nicht auf die Psyche und „psychische Widerstandsfähigkeit" eines Menschen reduziert. Resilienz ist ganzheitliche Gesundheit und umfasst bio-psycho-soziale und spirituelle Resilienz. Resiliente Führung betrachtet den Menschen in dieser Ganzheit und begegnet („führt") diesen unter Einbeziehung aller vier Aspekte.

Resilienz umfasst zudem wesentlich mehr als Widerstandskraft. Die Kraft zu widerstehen darf durch den „Nicht-Widerstand", die Akzeptanz, ergänzt werden. Resilienz ist Stabilität und Flexibilität gleichermaßen.

Gesundheit und Krankheit

Gesundheit und Krankheit kennzeichnen keinen Zustand, sondern einen Prozess. Einen höchst komplexen, individuellen Prozess, der mit *persönlichem Wohlbefinden* einhergeht. Gesundheit ist kein Messwert, sondern ein variables „wohles" Befinden. Als „Krankheit" werden wir ein Ungleichgewicht unserer bio-psycho-sozialen und spirituellen Einflussfaktoren bezeichnen, das ausbalanciert werden will.

Die Begriffe ganz, rund, heil und gesund werden synonym verwendet. „Krank" bedeutet, dass noch etwas fehlt zu unserer Ganzheit und Heilung.

Der Mensch im Mittelpunkt

Der Mensch wird im Rahmen dieses Buchs im Mittelpunkt stehen, der Mensch in seiner Ganzheit. Wir werden uns ausführlich mit dem WESENtlichen befassen, dem Lebewesen aus Fleisch und Blut, mit all seinen Gefühlen, seinen Bedürfnissen, seiner Motivation, seinen Werten und seiner Suche nach Sinn. Mit dem ganzheitlichen Menschen und seiner ganzheitlichen Gesundheit, weniger mit dem Menschen in einer reduzierten Version als Leistungserbringer, Funktionsträger, humane Ressource oder Produktionsfaktor. Denn genau diese reduzierte Sichtweise trägt aus meiner Einschätzung einen wesentlichen Teil zur rapiden Zunahme der Erschöpfung in unserer Gesellschaft bei. Menschen sind es müde und leiden darunter, nur unter Leistungsaspekten betrachtet zu werden.

Für eine gesundere Zukunft brauchen wir dringend Führungskräfte, die dieses ganzheitliche Menschen- und Gesundheitsbild in den Unternehmenskontext integrieren, denn diese Betrachtung hat viel mehr mit Wirtschaftlichkeit und Rendite zu tun als es auf den ersten Blick erscheinen mag. Es ist die integrale Gesundheit eines Menschen, die sein Wohlbefinden und somit auch seine Leistungsbereitschaft und –fähigkeit (mit)bestimmt.

In den Unternehmen wird sehr häufig über Effizienzsteigerung diskutiert. Nach meinen eigenen Erfahrungen glaube ich, dass wir schon sehr effizient arbeiten, also die Dinge richtig tun. Was unser Leben und Zusammenleben jedoch bereichern und gesunden lassen könnte, wäre Effektivität. Die Dinge nicht nur richtig zu tun, sondern auch die richtigen Dinge. Den Menschen in seiner Ganzheit in den Mittelpunkt zu stellen, wäre in höchstem Maße effektiv. Ehrlich, authentisch und im Alltag gelebt, nicht nur in Hochglanzbroschüren.

Das Selbst

Dem Selbst werden wir in diesem Buch sehr häufig begegnen. Sei es bei der Selbstreflexion, dem Selbstvertrauen, der Selbstverantwortung oder auch dem Selbstmitgefühl, und natürlich bei der Selbstführung.

Selbst ist ein Begriff, den wir so selbstverständlich verwenden, nicht selten, ohne uns bewusst zu sein, welche Vielfalt sich dahinter verbirgt. Unser Selbst zu ergründen ist eine der größten Herausforderungen in unserem Leben und stand bereits als Appell über dem Eingang zum Apollo-Tempel von Delphi [7]:

„Erkenne Dich selbst"

Wenn wir im Rahmen dieses Buches von Selbst reden, ist unsere Ganzheit als bio-psycho-soziales und spirituelles Lebewesen damit gemeint.

Spiritualität

Ein gesundes, resilientes Leben braucht Spiritualität, das sieht auch die Weltgesundheitsorganisation (WHO) so. Wir werden Spiritualität im Rahmen dieses Buches in seiner „geerdeten" Form integrieren, religiöse, metaphysische, transzendente und transpersonale Aspekte werden nicht mit einbezogen. Spirituelle Führung ist somit „werteorientiertes und sinnorientiertes Führen". Werte geben dem (Arbeits-) Leben Sinn, hauchen ihm Geist (Spirit) ein, beGEISTern.

Ich persönlich bin überzeugt, dass im Transpersonalen und Metaphysischen ein immenses kraftspendendes

Potenzial liegt, doch kann dies (noch) nicht Bestandteil eines Buchs für Führungskräfte sein.

Diskriminierungsfreie Sprache

Ich lehne jegliche Diskriminierung ab. Punkt. Gendersternchen oder ähnliche Umsetzungsformen erschweren jedoch aus meiner Sicht die Lesbarkeit eines Textes. Ich bitte daher um Verständnis, wenn dieses Buch ausschließlich in männlicher Form geschrieben ist, repräsentativ für alle Menschen, seien sie männlich, weiblich oder divers.

Führung und Führungskraft

Emotional führen, spirituell führen, agil führen, remote führen. Führen wir noch oder kooperieren und kollaborieren wir schon? Wir werden die Begriffe Führung und Führungskraft verwenden, obwohl sich das Führungsverständnis und -verhalten in den Unternehmen bereits stark verändert. Wie wird „Führung" zukünftig aussehen? Wird *Dienen* das neue Führen? Werden Führungskräfte zukünftig zu Wegbereitern, Begleitern, Potenzialentfaltern [8], jenseits hierarchischer Strukturen, Statusdenken und Machtspielchen?

Resiliente (Selbst-)Führung beinhaltet auf jeden Fall eine menschliche, werteorientierte, kooperierende, emotionale, fühlende, mitfühlende, spirituelle, sinnstiftende *Begegnung*. Braucht es dann überhaupt noch „Führung"?

Rothsfrech

Sie werden in diesem Buch einigen „rothsfrechen" Aussagen begegnen. Zum Beispiel der Behauptung, dass die wenigsten Führungskräfte über ausreichend Gesundheitskompetenz verfügen. Oder dem Vergleich von Führungskräften mit verletzten, gekränkten kleinen Kindern, die ihre Wunden noch nicht heilen konnten und ihren Schmerz und ihre Gefühle der Minderwertigkeit über Macht(spielchen) zu kompensieren versuchen.

Das mag auf den ersten Blick sehr direkt, wenig diplomatisch, polarisierend, überspitzt und unter wissenschaftlicher Betrachtung sogar fragwürdig, erscheinen. Sie könnten sich fragen:

Wie kann er das behaupten, wo steht das geschrieben?

Sie haben Recht, ich kann das nicht wissenschaftlich belegen. Ich weiß auch, dass es unter statistischen Gesichtspunkten weder signifikant, reliabel noch valide ist. Gleichermaßen ist es Erfahrungswissen und existiert daher. Deshalb schreibe ich es „rothsfrech". Nicht ohne den Balken im eigenen Auge zu übersehen.

Manchmal braucht es die Polarisierung, die Übertreibung, die Provokation, um den Diskurs anzuregen. Und den haben wir dringend nötig. Gestatten Sie mir daher die gelegentlichen „rothsfrechen" Impulse, sie haben nur ein Ziel:

Menschen stärken – Gesundheit fördern

Betrachten wir im Folgenden, wie sich die Situation rapide zunehmender Erschöpfung aktuell darstellt.

Literatur

1. https://www.svz.de/deutschland-welt/panorama/Arbeitsausfaelle-aufgrund-psychischer-Erkrankungen-nehmen-rapide-zu-id29609052.html.
2. https://www.polavis.de/blog/stigmatisierung-von-psychisch-erkrankten-fuehrungskraeften/.

3. https://www.personalwirtschaft.de/fuehrung/artikel/fuehrungskraft-in-der-verantwortung.html.
4. https://www.haufe.de/personal/arbeitsrecht/psychische-gefaehrdungsbeurteilung-wird-pflicht_76_208636.html.
5. https://de.wikipedia.org/wiki/Stakeholder.
6. https://www.fluchtundresilienz.schule/bielefelder-invulnerabilitaetsstudie/.
7. https://de.wikipedia.org/wiki/Gnothi_seauton.
8. https://www.akademiefuerpotentialentfaltung.org/.

2

Ist-Situation

Eine Darstellung der Ist-Situation sollte nicht ohne Würdigung dessen beginnen, was sich bereits bewegt und entwickelt hat.

Gesundheit, Stressmanagement, Burn-out-Prävention und Resilienz sind mittlerweile als Themen in den Unternehmen angekommen. Ich selbst kann mich noch sehr gut an Zeiten erinnern, in denen Impulse in Richtung betrieblicher Gesundheitsförderung, Suchtprävention und gesunder Führung belächelt und als „Sozialromantik" angesehen wurden.

Aussagen von Geschäftsführern, Personal- und Bereichsleitern wie:

„Der Laden läuft doch auch ohne das."
„Das kostet doch nur Geld."
„Da sollen sich die Mitarbeiter privat darum kümmern."
„Falls jemand ausfällt, warten schon die nächsten vor dem Unternehmenstor darauf, den Job zu erledigen."

© Springer Fachmedien Wiesbaden GmbH,
ein Teil von Springer Nature 2021
W. Roth, *Die resiliente Führungskraft*, Fit for Future,
https://doi.org/10.1007/978-3-658-33086-6_2

hallen noch nach.

Seit diesen Tagen hat sich bereits einiges zum Positiven verändert. Heutzutage haben Unternehmen die Gesundheit ihrer Mitarbeiter viel stärker im Fokus. Sie achten auf gesünderes Essen in der Kantine, bieten interne Sport- und Entspannungsangebote von Laufgruppen über Tai Chi und Qi Gong bis hin zu mobiler Massage am Arbeitsplatz, richten Spiele- oder Chillout-Rooms [1] ein, und orientieren ihre Schichtmodelle an den neuesten medizinischen Erkenntnissen. Immer mehr Unternehmen achten auf „gesunde Führung" und leisten bereits einen wichtigen Beitrag für ein gesünderes (Arbeit-)Leben.

Niemand könnte ernsthaft behaupten, dass sich in den Unternehmen noch nichts getan hätte. Und gleichzeitig ist diese Entwicklung noch ein sehr zartes Pflänzlein. Wir sollten uns im Status quo nicht bequem zurücklehnen. Jenseits der Fortschritte und positiven Entwicklungen, der Entrepreneure und Fackelträger im Bereich „gesunder Führung" werden vielerorts noch nicht einmal Mindeststandards – in Form gesetzlicher Vorgaben – erfüllt.

Fakt ist, dass sich etwas verändert hat UND wir gleichermaßen noch weit von einem gesunden Leben und Zusammenleben in Unternehmen entfernt sind. Sowohl wissenschaftliche Studienergebnisse als auch die Schilderungen der erschöpften Führungskräfte, denen wir im weiteren Verlauf begegnen werden, verdeutlichen dies.

Hand aufs Herz, wer kann bei einer ehrlichen Betrachtung seines Umfelds in der heutigen Zeit noch behaupten, in keinster Weise von Erschöpfung, Burnout oder psychischen Erkrankungen betroffen zu sein? Auf Dauer wird keine Führungskraft davon „verschont" bleiben, privat oder beruflich, direkt oder indirekt. Andere Einschätzungen dürfen aus meiner persönlichen Einschätzung eher dem Phänomen bewusster oder unbewusster Verdrängung zugeordnet werden.

Deshalb wird es zunehmend wichtiger, dass wir Psyche und Erschöpfung aus ihrer Tabuzone holen, auch in den Unternehmen.

Bedauerlicherweise tragen die Medien aktuell noch nicht sehr viel zur Enttabuisierung und Entstigmatisierung bei. Sie nennen vorrangig nachfolgende Aspekte als ursächlich für den zunehmenden „Burn-out" im Arbeitsleben:

- Ständige Erreichbarkeit
- Arbeitsverdichtung
- Zunehmende Technisierung
- Informationsüberflutung
- die „VUKA-Welt" [2] (**V** steht für Volatilität, **U** für Unsicherheit, **K** für Komplexität und **A** für Ambivalenz)

Unbestreitbar sind dies Gründe, die dazu führen, dass Menschen zunehmend ihre Kraft verlieren und „ausbrennen", es sind jedoch längst nicht alle. Die genannten Verursacher stellen aus meinen eigenen Erfahrungen in der Begegnung mit Führungskräften „nur" die Spitze des Eisbergs dar, die Aspekte, mit denen sich Betroffene in der Öffentlichkeit zeigen wollen und dürfen. Darunter verborgen liegen die weniger sozialverträglichen Gründe, die tiefgründigen, privaten, tabuisierten, stigmatisierten Themen, über die wir gesellschaftlich noch zu wenig kommunizieren. Das zutiefst Menschliche, das wir uns oft selbst noch nicht eingestehen und Schuld und Scham aus Angst keinesfalls einem anderen Menschen gegenüber erwähnen würden. Denn Schwäche, Scheitern und Psyche haben in unserer Kultur – und speziell in unserer Unternehmenskultur – noch lange keinen adäquaten Platz.

Im geschützten Rahmen von Beratung, Coaching oder Therapie berichten die Erschöpften und Ausgebrannten dann jedoch von den weiteren Verursachern, die „Krafträuber" sprudeln dann förmlich aus ihnen heraus. Alles kommt an die Oberfläche, was als bedrückend, niederdrückend, erdrückend empfunden wird.

Betrachten wir im Folgenden, welche Faktoren die Führungskräfte hinter verschlossenen Türen als wesentlich für ihre Erschöpfung nennen. Diese sollten wir den medial gleichermaßen in die öffentliche Diskussion mit einbeziehen.

2.1 Ursachen der Erschöpfung

Genug ist nicht genug
Schneller, höher, weiter. Es ist scheinbar nie genug. Hier noch ein weiteres Projekt, da noch eine Kostenreduzierungsmaßnahme, dort noch eine Umstrukturierung. Die erschöpften Führungskräfte berichten von einem permanenten „In-Frage-Stellen" der Abläufe in den Unternehmen, ihrer Leistung und ihrer Person:

„Brauchen Sie wirklich so viel Personal, geht das nicht auch mit weniger Manpower?"
„Können wir das nicht noch günstiger beschaffen, produzieren? Verhandeln Sie hart genug mit den Zulieferern?"
„Die Unternehmensberatung sieht hier aber noch Einsparpotenzial, da geht sicherlich noch was!"
„Die Shareholder erwarten am Jahresende mehr Rendite, machen Sie sich Gedanken."

Diese und ähnliche Formulierungen gehören zum Tagesgeschäft von Führungskräften, die ihre Arbeit gerne, motiviert, engagiert und oftmals mit sehr viel Herzblut erledigen. Führungskräfte, die sich unermüdlich für ihre Mitarbeiter einsetzen, sich mit „ihrem" Unternehmen identifizieren. Doch scheint es nie genug zu sein. Nicht wenige sprechen von einer nahezu unerträglichen (Wachstums-)Gier, mit der sie sich konfrontiert fühlen. Diesem unaufhörlichen „schneller, höher, weiter", dem (Alb-)Traum grenzenlosen Wachstums hätten sie sich unterzuordnen.

Nicht wenige erleben die Situation an ihrem Arbeitsplatz mittlerweile als einen unmenschlichen, renditegetriebenen, sinnentleerten und ermüdenden „Kampf". Aus Angst vor der (finanziellen) Zukunft oder auch der Befürchtung, als „Low-Performer" abgestempelt und zur Persona non grata im Unternehmen zu werden, beugen sie sich dem immensen Druck, leisten und „funktionieren" weiter. Selbst dann, wenn ihnen die Kräfte bereits zunehmend schwinden.

Der Mensch ist Mittel(-Punkt)

Führungskräfte berichten immer wieder, dass ihre Unternehmen den Menschen zwar in Hochglanzbroschüren in den Mittelpunkt stellen, dass dies im Alltag jedoch kaum gelebt wird. Der Mensch verschwindet hinter den Zahlen. Wachstum und Rendite stehen im Vordergrund. Für Menschliches (Gefühle, Werte, Sinn, Empathie, harmonisches Miteinander und vieles mehr) bleibt nach ihren Schilderungen immer weniger bis gar kein Platz. Sie vermissen sowohl die Wertschätzung ihrer Arbeit als auch die Würdigung ihrer Person. Sie nehmen sich mehr als Mittel, denn als Mittelpunkt wahr.

Konkurrenzkampf und Gegeneinander statt Kooperation

Was immer mehr Führungskräfte an den Rand der Erschöpfung bringt, ist der kraftraubende Umgang miteinander in ihren Unternehmen. Während sie sich eine konstruktive, harmonische und vertrauensvolle

Zusammenarbeit wünschen, kennzeichnet sich ihr beruflicher Alltag jedoch eher durch Konkurrenz, Misstrauen, „Stühle-Sägen", Intrigen bis hin zu Mobbing. Ein erlebtes und gefühltes Gegeneinander statt Miteinander. Den Resilienzfaktor „soziale Unterstützung" erleben nur wenige an ihrem Arbeitsplatz.

Fehlender Handlungsspielraum in streng hierarchischen Strukturen

Die rigiden hierarchischen Unternehmensstrukturen werden von vielen Führungskräften als kräftezehrend erachtet. Kaum Handlungsspielraum, lange Entscheidungswege, wenig ausgeprägte Innovations- und Veränderungsbereitschaft, verkrustete Machtstrukturen. Der Resilienzfaktor „Steuerbarkeit und Selbstwirksamkeit" wird kaum erlebt.

Fehlende Werte- und Sinnorientierung

Führungskräfte beklagen zunehmend die fehlende Werte- und Sinnorientierung in ihren Unternehmen. Das immense kraftspendende Potenzial, das durch Werte und Sinn freigesetzt werden könnte, wird aus deren Sicht noch viel zu wenig genutzt. Rendite und Shareholder-Value reichen ihnen als „WHY" schon lange nicht mehr aus. Nicht wenige befinden sich in einer Phase der Neuorientierung und streben ein (Berufs-)Leben mit einer als sinnhaft empfundenen und sinnstiftenden Tätigkeit an.

Überforderung durch eine Führungsaufgabe, auf die sie nicht hinreichend vorbereitet sind

Führungskräfte sollen sich selbst und andere gesund führen. Sie haben im Rahmen ihrer Fürsorgepflicht die Aufgabe, die Gesundheit ihrer Mitarbeiter im Auge zu behalten. Auf diese sind sie jedoch nicht adäquat vorbereitet, ihnen fehlen die dafür notwendigen Kompetenzen. Sie stehen in einer Verantwortung, der sie Stand heute (noch) gar nicht gerecht werden können. Kein Wunder, dass Sie sich hilflos und überfordert fühlen.

Ein Gesundheitssystem, das sie im Bedarfsfall nicht adäquat unterstützt

Nicht wenige Führungskräfte fühlen sich in ihrer Erschöpfung oder psychischen Erkrankung von unserem Gesundheitssystem nicht adäquat unterstützt. Zwei Aspekte kommen dabei hauptsächlich zur Sprache. Zum einen die immense Wartezeit von durchschnittlich 20 Wochen auf einen Termin beim Psychotherapeuten [3].

Zum anderen die häufig als viel zu kurz empfundene Beratung durch ihren Arzt. Sie bemängeln die knapp bemessene Zeit und die „gießkannenartige" Psychopharmaka-Verordnung. Nicht wenige verlassen die Arztpraxis mit vielen offenen Fragen und einer starken Verunsicherung. Sie schildern, dass sie sich nicht als Mensch wahrgenommen, wertgeschätzt und irgendwie „abgespeist" fühlen.

Ein Umfeld, das nicht als „soziale Unterstützung" erlebt wird

Die mangelnde soziale Unterstützung im Gesundheitssystem wiederholt sich aus Sicht der erschöpften Führungskräfte nicht selten auch auf privater und beruflicher Ebene. Auf Verständnis und Unterstützung hoffend, werden sie – nach eigenen Schilderungen – häufig mit folgenden Reaktionen und Rückmeldungen konfrontiert:

„Das kann doch nicht so schlimm sein!"
„Reiß' Dich doch mal zusammen!"
„Die anderen schaffen das doch auch!"
„Wann wirst Du denn endlich wieder normal?"

Die Betroffenen berichten fast ausnahmslos von Begegnungen, in denen ihnen Unverständnis, Kritik, wenig Empathie und kaum Mitgefühl entgegengebracht werden. Die Art und Weise der Kommunikation aus ihrem Umfeld empfinden sie oftmals eher als (Rat-) SCHLAG, selten als Unterstützung, was ihren Weg in den sozialen Rückzug nicht selten beschleunigt.

Individuelle Krafträuber
Last but not least spielen natürlich die privaten Lebensthemen der Führungskräfte eine wesentliche Rolle auf dem Weg in die Erschöpfung: Unfälle, Trennung, Krankheit, Tod, Erziehungs- und Pflegethemen, finanzielle Schwierigkeiten, die „Midlife-Crisis". Themen, die sehr viel Kraft kosten und nicht selten mit Ängsten, Ohnmacht, Trauer, Selbstzweifeln, Suchtverhalten und einem schmerzhaften Verlust an „Sinnhaftigkeit" einhergehen.

2.2   Das Stigma der Schwäche

Die Situation der erschöpften Führungskräfte wird dadurch erschwert, dass Schwäche und Scheitern in unserer Kultur noch keinen festen Platz haben. Sie werden tabuisiert und stigmatisiert [4].

„Phasen der Minderleistung", aus welchen Gründen auch immer, werden kaum toleriert. Weder von den Führungskräften selbst, noch von deren Umfeld. Wir leben in einer (Turbo-)Hochleistungskultur, die Leistungsfähigkeit und Leistungsbereitschaft an oberste Stelle setzt. An zweiter Stelle kommen Gesundheit und Wohlbefinden des Menschen. Erst die Arbeit, dann der Mensch.

Aus diesem Grund „verstecken" Führungskräfte nicht selten ihre Erschöpfung, berichten jedoch gleichzeitig von einem immensen Kraftaufwand, den sie betreiben müssen, um den Schein der Leistungsfähigkeit aufrechterhalten zu können. Die Angst, die Kontrolle zu verlieren und aus der (Führungs-)Rolle zu fallen, ist enorm. Ihr Tagesablauf gestaltet sich nach eigener Schilderung nicht selten wie folgt:

> „Ich schaffe es gerade noch, am Arbeitsplatz die Fassade zu wahren, solange, bis ich die Wohnungstüre hinter mir schließe. Dann ist nichts mehr möglich. Keine Kraft mehr, für gar nichts. Die Batterie ist leer und die Angst beginnt, ob sie sich bis zum nächsten Morgen wieder einigermaßen aufladen lässt, um den kommenden Tag zu überstehen. Warum schaffen das alle anderen, nur ich nicht?"

Dieses „Versteckspiel" ist bedauerlicherweise in mancher Hinsicht auch noch nötig. Zum Beispiel im Kontakt mit Versicherungen. Nicht selten bekommen Betroffene mit einer psychischen Diagnose Schwierigkeiten beim geplanten Abschluss eines Vertrags. Versicherungsgesellschaften verwehren Interessenten mit einer F-Diagnose laut ICD 10 (psychische Erkrankungen) nicht selten Vertragsabschlüsse, insbesondere bei Berufsunfähigkeitsversicherungen [5].

Ähnlich vorsichtig mit der Dokumentation oder dem „Outing" sollte auch sein, wer eine Ausbildung oder die Übernahme in ein Beamtenverhältnis anstrebt. Die genannten F-Diagnosen könnten dies im schlimmsten Fall vereiteln [6].

Schwäche, Scheitern, Auszeiten, Erholungsphasen, Nicht-Leisten dürfen zu einem natürlichen Bestandteil unseres privaten und beruflichen (Zusammen-)Lebens werden. Solange dies nicht gegeben ist, werden sich Betroffene mit ihrer Erschöpfung nicht öffnen. Sie werden dann weiterhin mit enormem Kraftaufwand darum kämpfen, nach außen hin den Schein zu wahren und sich mehr und mehr sozial zurückziehen. Genau das Gegenteil von dem, was in diesem Moment wichtig wäre: die frühzeitige Inanspruchnahme von professioneller Unterstützung.

Die Ursachen für die zunehmende Erschöpfung in unserer Gesellschaft – und unter Führungskräften – sind also wesentlich vielfältiger und komplexer, als wir sie bisher diskutieren. Betrachten wir im nächsten Schritt die aus der Erschöpfung resultierenden Konsequenzen.

2.3   Auswirkungen der Erschöpfung

Welche Konsequenzen resultieren aus der rapiden Zunahme der Erschöpfung in unserer Gesellschaft? Die Auswirkungen zeigen sich auf unterschiedlichen Ebenen:

- menschlich (privat),
- menschlich (beruflich),
- wirtschaftlich,
- gesellschaftlich.

Betrachten wir im ersten Schritt die Konsequenzen für die betroffenen Menschen in privater Hinsicht. Auf dieser Ebene resultiert aus der Erschöpfung *persönliches, individuelles Leid*. Die Lebensqualität und das Wohlbefinden (Gesundheit) der Betroffenen sinkt drastisch.

Dieses menschliche Leid zu reduzieren, sollte für uns alle an erster Stelle stehen. Leider erhält dieser Aspekt in der medialen Berichterstattung viel zu wenig Beachtung. Allzu schnell verschwindet er hinter der Darstellung der gesellschaftlichen und wirtschaftlichen Auswirkungen und hinter entsprechenden Statistiken und Kennzahlen.

Als Wirtschaftler und Kaufmann nehme ich die monetären Auswirkungen durchaus ernst, doch sollten sie aus menschlicher Sicht nicht an erster Stelle stehen. Der Mensch darf in den Mittelpunkt. Dass sich diese Prioritätensetzung zudem wirtschaftlich „rechnet", werden wir im weiteren Verlauf noch sehen.

Die Erschöpfung der Betroffen weitet sich im Privaten natürlich auch auf deren Umfeld aus. Die Partner, Familien, Kinder, Eltern, Freunde leiden mit und stehen der Situation nicht selten hilflos gegenüber. Zwischenmenschliche Auseinandersetzungen und Konflikte nehmen zu, die wichtigen und notwendigen Entspannungs- und Regenerationsphasen werden durch zusätzliche Spannungen weiter reduziert. Eine Situation, in der die Gefahr der „Chronifizierung" [7] steigt, und somit das Risiko einer dauerhaften Leistungsminderung, Berufsunfähigkeit oder Frühverrentung. Im schlimmsten Fall entstehen Resignation, Hoffnungslosigkeit bis hin zu Suizidgedanken. Dem könnte durch frühzeitige Unterstützungsangebote und Intervention vorgebeugt werden, und natürlich die Nutzung der Angebote durch die Betroffenen. Auf beiden Seiten besteht noch Handlungsbedarf.

Die Erschöpfung wirkt sich jedoch nicht nur auf das private Umfeld der Führungskräfte aus, sie zeigt auch im beruflichen Kontext ihre Auswirkungen.

Erschöpfte Führungskräfte neigen zu einem negativen Führungsstil
Die Erschöpfung der Führungskräfte zeigt auch im beruflichen Alltag deutliche Konsequenzen.

Wie sich das Wohlbefinden von Führungskräften auf deren Führungsstil auswirkt, hat ein Forschungsteam der Christian-Albrechts-Universität zu Kiel (CAU), der Goethe-Universität Frankfurt am Main und der Universität Koblenz-Landau nachweisen können. In ihrer Metastudie haben die Autoren die wichtigsten

Theorien über den Zusammenhang zwischen dem Wohlbefinden von Führungskräften und ihrem Führungsstil aus insgesamt 88 Forschungsarbeiten – in denen über 12.000 Teilnehmer befragt wurden – statistisch zusammengefasst. Die Ergebnisse ihrer Metastudie über dieses Zusammenspiel wurden in dem international renommierten Fachjournal „Work & Stress" veröffentlicht. Die Metastudie ergab, dass ein hohes Wohlbefinden der Führungskräfte mit einem konstruktiven Führungsverhalten einhergeht, und dass gestresste, emotional erschöpfte und von Burn-out bedrohte Vorgesetzte zu einem eher negativen Führungsstil neigen [8].

Die erschöpften Führungskräfte sind dabei weniger bemüht oder in der Lage, Belastungen für sich selbst und das Team zu reduzieren, sie können ihr Team auch weniger inspirieren und motivieren. Dieses Verhalten wirkt sich bereits nach einigen Monaten negativ auf die Mitarbeiter aus. Sie fühlen sich nicht nur unwohl, sondern leiden auch vermehrt unter körperlichen Beschwerden wie Kopf- und Magenschmerzen.

Die Erschöpfung von Führungskräften bleibt also keineswegs ohne Konsequenzen für deren Mitarbeiter. Vorgesetzte, die negativ führen und dadurch krankheitsbedingte Fehlzeiten „produzieren", nehmen laut einer Studie der Bertelsmann-Stiftung „ihren Krankenstand" sogar in neue Abteilungen mit. Wechselt ein Vorgesetzter, der in seinem Bereich einen hohen Krankenstand zu beklagen hatte, in eine „gesündere" Abteilung, so wird sich dort in absehbarer Zeit der gleiche Krankenstand einstellen [9].

Betrachten wir nachfolgend die Konsequenzen in wirtschaftlicher Hinsicht auf die Unternehmen.

Auswirkungen auf die Unternehmen:
Der Anteil psychischer Erkrankungen am Arbeitsplatz kletterte in den vergangenen 40 Jahren von zwei Prozent

auf 16,6 %. Die durch Erschöpfung und psychische Krankheiten ausgelösten Krankheitstage haben sich in diesem Zeitraum *verfünffacht.* Waren psychische Erkrankungen vor 20 Jahren für Unternehmen noch nahezu bedeutungslos, so sind diese heute die zweithäufigste Diagnosegruppe bei Krankschreibungen, Berufsunfähigkeit und Frühverrentung laut BKK Gesundheitsreport 2018 [10]. Durch diese Entwicklung entstehen den Unternehmen immense Fehlzeiten- und Produktionsausfallkosten. Der BKK Gesundheitsreport schätzt diese auf jährlich etwa 21 Mrd. EUR für die deutsche Wirtschaft. Diese „Absentismus-Kosten" beinhalten noch nicht den Schaden, der den Unternehmen durch Präsentismus [11] entsteht. Damit ist das Verhalten von „Erkrankten" gemeint, die trotz Krankheit oder bestimmter Leistungseinschränkungen zur Arbeit zu gehen, jedoch keine „volle" Arbeitsleistung erbringen. Zum Beispiel aufgrund von Schlafstörungen, Nervosität, Unkonzentriertheit, Angstzuständen oder depressiven Verstimmungen. In einer Untersuchung an 12.397 Beschäftigten der Firma Dow Chemicals konnte aufgezeigt werden, dass diese Kosten pro Mitarbeiter ein Zehnfaches gegenüber jenen betrugen, die durch Fehlzeiten bedingt waren [12]. Unternehmen sollten sich dessen bewusst sein, dass gesunde und resiliente Führungskräfte durch ihr Verhalten einen erheblichen Einfluss auf die Unternehmenskultur, das Betriebsklima, Produktivität und Wirtschaftlichkeit sowie die Fluktuation haben.

Betrachten wir abschließend die Auswirkungen der Erschöpfung unter volkswirtschaftlichen Aspekten.

Auswirkungen in volkswirtschaftlicher Hinsicht:
Aus der rapiden Zunahme der Erschöpfung resultieren auch enorme gesamtgesellschaftliche Behandlungs- und Produktionsausfallkosten.

Die ökonomischen Kosten psychischer Erkrankungen belaufen sich für alle 28 Staaten der Europäischen Union (EU) derzeit auf rund 600 Mrd. EUR pro Jahr. Das zeigt ein gemeinsamer Bericht der „Organisation for Economic Cooperation and Development" (OECD) und der Europäischen Kommission. Ein großer Teil dieser Kosten ist auf niedrigere Beschäftigungsquoten und eine geringere Produktivität von Menschen mit psychischen oder psychosomatischen Problemen zurückzuführen sowie auf höhere Ausgaben für Sozialversicherungsprogramme. Der Rest sind direkte Ausgaben für die Gesundheitsversorgung. Deutschland wendet laut dem Bericht rund 4,8 % seines Bruttoinlandproduktes (BIP) dafür auf [13].

Prävention, Gesundheitsvorsorge, Burn-out-Prävention und Resilienzstärkung haben also neben der Reduzierung individuellen menschlichen Leids auch ein enormes betriebswirtschaftliches und volkswirtschaftliches „Einsparpotenzial". Betrachten wir nachfolgend die Wirksamkeit und den Nutzen derartiger Investitionen.

2.4   Wirksamkeit und Nutzen von Gesundheitsförderung

Erlauben Sie mir zum Einstieg einige persönliche Gedanken zum Nutzen von Gesundheitsförderung und Prävention. Es schmerzt selbst nach so vielen Jahren immer wieder aufs Neue, wenn in Gesprächen mit Unternehmern die Frage nach dem Nutzen einer Investition in Menschen aufkommt. Warum?

Haben Sie diese Frage schon einmal im Hinblick auf Investitionen bezüglich des Maschinen- oder Fuhrparks gehört? Für jeden Unternehmer ist es eine Selbstverständlichkeit, eine Pflicht, in seine „Hardware" zu investieren. Wartungsintervalle, Reparaturarbeiten, Pflege des Materials.

Niemals würde er auf die Idee kommen, anzuzweifeln, dass sich das auszahlt, dass es eine Notwendigkeit darstellt, wenn größerer Schaden vermieden werden soll. Nicht zu investieren wäre nicht nur unwirtschaftlich, sondern nahezu töricht, ein höchst unprofessionelles (Führungs-)Verhalten.

Warum werden Investitionen in Menschen anders angesehen, sogar hinterfragt? Wann und wie sind wir auf die Idee gekommen, dass dies für Lebewesen nicht ebenfalls gilt? Warum braucht es Argumente und Begründungen, um in Menschen zu investieren?

Dass sich jeder einzelne Cent auszahlt, den Unternehmen in Gesundheit und ein gesünderes Miteinander investieren, steht für mich außer Frage, schon aus menschlichen Gründen. Das scheint jedoch nicht Grund genug. Häufig wird deshalb in Gesprächen mit Unternehmern von diesen die Frage nachgeschoben, wie schnell sich die Erfolge denn in Zahlen zeigen würden.

Veränderungsprozesse auf der Gesundheitsebene brauchen naturgemäß etwas Zeit und Geduld, das Neue will erst wachsen. Auf der körperlichen Ebene würden wir von unserem Fitness-Coach auch nicht erwarten, dass der „Sixpack" innerhalb von Wochen erwächst. Erfolge zeigen sich daher in den seltensten Fällen bereits in der Abschlussbilanz des aktuellen Geschäftsjahres. Doch genau daran werden viele Unternehmen – und deren Führungskräfte – gemessen. Wahrscheinlich einer der Gründe, warum an mancher Stelle eben doch nicht in die Gesundheit der Mitarbeiter investiert wird.

Doch wie hoch ist der Return-on-Investment (ROI) für betriebliche Gesundheitsförderung und Prävention? Laut der Initiative Gesundheit und Arbeit (iga), die den Wissenstransfer im Gesundheitsbereich durch qualitätsgesicherte und anwendungsorientierte Projekte, Veranstaltungen und Veröffentlichungen unterstützt, können Unternehmen mit einem Faktor von 2,7 rechnen [14].

Dass sich die Investition in den Menschen, in seine Gesundheit und sein Wohlbefinden wirtschaftlich auszahlt, hat auch der Unternehmer Bodo Janssen mit seiner Hotel- und Freizeitkette „Upstalsboom" bewiesen. Er hat mit einem radikalen humanistischen und spirituellen Wertewandel nicht nur das Betriebsklima, sondern damit einhergehend auch die Unternehmenskennzahlen enorm verbessert. Der Prozess – der im Jahre 2010 mit einer Mitarbeiterbefragung begonnen hatte – wird sowohl im Buch als auch im gleichnamigen Film „Die Stille Revolution" beeindruckend und bewegend dargestellt.

Die Transformation in Richtung einer resilienteren (Selbst-)Führung und gesünderer Unternehmensstrukturen bei Upstalsboom war kraftaufwendig und hat gleichzeitig den Beweis erbracht, dass ganzheitliche Gesundheit, Menschlichkeit und Wirtschaftlichkeit gleichermaßen gelebt werden können. Doch braucht es einen festen Willen und Durchhaltevermögen. Was es definitiv nicht ist: Träumerei oder Sozialromantik. Lassen wir die Zahlen für sich selbst sprechen:

Fünf Jahre nach dem Prozess hatte die Unternehmensgruppe von Bodo Janssen ihren Umsatz verdoppelt, die Krankenquote war von zehn auf zwei Prozent gesunken, und Upstalsboom wurde zu einem der beliebtesten Arbeitgeber [15].

Ein menschlicher und wirtschaftlicher Erfolg in jeder Hinsicht durch resiliente (Selbst-)Führung.

Fazit und Schlussfolgerung

Die Betrachtung des Ist-Zustands hat gezeigt, dass wir sowohl individuell als auch kollektiv und strukturell noch weit von resilientem Verhalten und resilienten Verhältnissen entfernt sind. Das liegt jedoch weniger an einem

Erkenntnis- als einem Umsetzungsproblem. Die Erkenntnisse der Resilienzforschung liegen seit Jahrzehnten vor.

Da die Mühlen in den Strukturen eher langsam mahlen, sind wir für zeitnahe Veränderungen auf die individuelle Ebene angewiesen. Auf Menschen, die Initiative ergreifen und als „Vorbilder" resiliente (Selbst-)Führung in Selbstverantwortung vorleben, ähnlich wie Bodo Janssen. Führungskräfte, die als Fackelträger mit ihrer eigenen Flamme andere entzünden, Multiplikatoren für ein gesundes (Zusammen-)Leben.

Führungskräfte dürfen sich eigenverantwortlich zu „Gesundheitsmanagern" weiterqualifizieren, um sich selbst und ihre Mitarbeiter resilient führen zu können. Von ihren Unternehmen sollten sie dabei die notwendige Unterstützung erhalten, um dieser anspruchsvollen Aufgabe auch gerecht werden zu können.

Die nächsten Kapitel werden zeigen, wie gesunde (Selbst-)Führung stattfinden kann. Im ersten Schritt widmen wir uns dem Wissen, das jede Führungskraft in der heutigen Zeit über ganzheitliche Gesundheit haben sollte.

Literatur

1. https://betriebseinrichtung.net/entspannung-am-arbeitsplatz-chillout-area-im-betrieb-einrichten/
2. https://de.wikipedia.org/wiki/VUCA
3. https://www.medical-tribune.de/meinung-und-dialog/artikel/20-wochen-wartezeit-kammer-fordert-7000-zusaetzliche-psychotherapeuten-landsitze/
4. https://www.psyga.info/psychische-gesundheit/psyga-fokus/destigmatisierung/wie-knacken-wir-das-tabu
5. https://www.aerzteblatt.de/archiv/67395/Berufsunfaehigkeitsversicherung-Menschen-mit-psychischen-Vorerkrankungen-benachteiligt

6. https://www.anwalt.de/rechtstipps/beamtenrecht-psychische-krankheiten-und-verbeamtung_047100.html

7. https://de.wiktionary.org/wiki/Chronifizierung

8. https://www.neurologen-und-psychiater-im-netz.org/psychiatrie-psychosomatik-psychotherapie/news-archiv/meldungen/article/erschoepfte-fuehrungskraefte-neigen-zu-negativem-fuehrungsstil/

9. https://www.do-care.de/studien-fuehrung-und-gesundheit-vw-studie/

10. https://www.psyga.info/psychische-gesundheit/daten-fakten

11. https://www.asu-arbeitsmedizin.com/schwerpunkt/praesentismus-ein-unterschaetzter-kostenfaktor

12. https://www.baua.de/DE/Angebote/Publikationen/Berichte/Gd60.pdf?__blob=publicationFile

13. https://www.aerzteblatt.de/nachrichten/99333/Milliarden-kosten-durch-psychische-Erkrankungen

14. https://www.iga-info.de/veroeffentlichungen/igareporte/igareport-28/

15. https://www.die-stille-revolution.de/

3

Resiliente Selbstführung

3.1 Gesundheitswissen für Führungskräfte

Führungskräfte sind, was Gesundheit anbelangt, doppelt gefordert. Sie sollen nicht nur selbst gesund und leistungsfähig bleiben, sondern sich zusätzlich der Gesundheit ihrer Mitarbeiter annehmen. Minimalanforderung ist dabei die Durchführung der Gefährdungsbeurteilung (biologisch und psychisch), um Gesundheitsschädigungen zu vermeiden. Idealerweise sollten Führungskräfte die Gesundheit ihrer Mitarbeiter sogar fördern.

Doch woher sollen sie dieses Wissen und diese Kompetenzen haben? Es gehört in den meisten Unternehmen noch lange nicht zum obligatorischen Schulungsprogramm für Führungskräfte, und auch in unserem Bildungssystem wurden sie nicht hinreichend in resilienter (Selbst-)Führung qualifiziert.

© Springer Fachmedien Wiesbaden GmbH,
ein Teil von Springer Nature 2021
W. Roth, *Die resiliente Führungskraft*, Fit for Future,
https://doi.org/10.1007/978-3-658-33086-6_3

Während Projektmanagement, Zeitmanagement, Zielvereinbarungs- und Feedbackgespräche, Controlling und viele andere (Fach-)Themen standardmäßig geschult werden, sind Gesundheitsthemen im Vergleich dazu noch stark unterrepräsentiert. Und selbst wenn sie in den Weiterbildungskatalogen der Unternehmen angeboten werden, sind sie aus meiner eigenen langjährigen Erfahrung als Personalentwickler erfahrungsgemäß eher schlecht besucht, oder kommen mangels Teilnehmerzahl gar nicht erst zustande.

Im folgenden Kapitel erfahren Sie deshalb, was Sie als Führungskraft über ganzheitliche Gesundheit und Resilienz wissen sollten. Sehr wahrscheinlich werden Sie dabei zu der Erkenntnis gelangen, dass auch Sie bisher noch ein sehr reduziertes Bild von integraler Gesundheit hatten. Eine umfassende Gesundheitsbetrachtung geht weit über das hinaus, was wir in unserer, sehr stark auf den Körper fixierten, (Unternehmens-)Kultur bisher fokussieren.

Nehmen Sie sich doch noch ein paar Minuten Zeit und beantworten die nachfolgenden Fragen, bevor wir damit einsteigen, was die Weltgesundheitsorganisation (WHO) unter Gesundheit versteht.

- Wann würden Sie sich selbst als gesund oder krank bezeichnen?
- Handelt es sich um einen Zustand mit einer klaren Grenze? Bis hierher gesund, ab hier krank?
- Woran lässt sich Krankheit erkennen? Lässt sie sich objektiv erfassen?
- Welche Aspekte beeinflussen Gesundheit und Krankheit aus Ihrer Sicht?
- Handelt es sich bei Krankheit um ein Gefühl? Wir sagen ja, dass wir uns krank fühlen.

Ganzheitliche Gesundheit

Die Weltgesundheitsorganisation (WHO) hat über die Jahrzehnte hinweg ein umfassendes und sehr hilfreiches Bild ganzheitlicher Gesundheit gezeichnet. Bereits im Jahr 1946 hat sie Gesundheit als

Zustand des vollständigen körperlichen, geistigen und sozialen Wohlbefindens

definiert.

Vor 75 Jahren hat sie die Mehrdimensionalität von Gesundheit aufgezeigt, und dass es sich bei einem gesunden Leben eher um ein „Wohlbefinden" als einen Zustand oder einen Messwert handelt. Dieses Wohlbefinden wird durch körperliche, geistige und soziale Faktoren beeinflusst, also weit über den rein körperlichen Aspekt hinaus.

1986 hat die WHO diese Definition dann erweitert. In der Ottawa-Charta wurde die Relevanz von Umweltfaktoren in die Gesundheitsbetrachtung mit einbezogen.

Grundlegende Bedingungen und konstituierende Momente von Gesundheit sind Frieden, angemessene Wohnbedingungen, Bildung, Ernährung, Einkommen, ein stabiles Ökosystem, eine sorgfältige Verwendung vorhandener Naturressourcen, soziale Gerechtigkeit und Chancengleichheit [1].

Das Wohlbefinden eines Menschen wird demnach nicht ausschließlich durch sein persönliches Verhalten, sondern ebenso durch die (Umgebungs-)Verhältnisse, in denen er lebt, beeinflusst.

In den 1990er-Jahren hat die WHO den Gesundheitsbegriff schließlich durch die spirituelle Dimension ergänzt.

Der Sinnfindung wurde ab diesem Zeitpunkt eine gesundheitsrelevante Bedeutung beigemessen.

Fassen wir die stufenweise Entwicklung noch einmal zusammen, so scheint unsere ganzheitliche Gesundheit mit einem *subjektiven Wohlbefinden* zu korrelieren, das sowohl durch bio-psycho-soziale und spirituelle Faktoren als auch Umweltfaktoren beeinflusst wird. Eine gesunde, resiliente (Selbst-)Führung darf also all diese Aspekte einbeziehen.

In der Fachliteratur, sei es aus der Medizin, der Psychologie, der Pädagogik, der Soziologie oder anderen Bereichen, wird Gesundheit selten derart umfänglich definiert. In den meisten Lehrbüchern wird der Mensch leider noch immer als bio-psycho-soziales Lebewesen dargestellt. Hier beginnt aus meiner Sicht bereits eine „ungesunde" Reduzierung menschlichen Daseins. Die Nichtintegration von Spiritualität und Sinnhaftigkeit in unser Leben könnte einer der Hauptgründe dafür sein, warum Erschöpfung und psychische Erkrankungen in unserer Gesellschaft so rapide zunehmen, der Verlust an Werten und Sinnempfinden in unserem (Arbeits-)Leben. Wir werden dies im weiteren Verlauf noch ausführlicher betrachten.

Merken wir uns an dieser Stelle beim Aufbau unseres Gesundheitswissens zunächst einmal die Zahl **VIER**. Sie wird uns später noch ein zweites Mal begegnen. Wenn Ihnen nach der Lektüre des Buches die beiden Vieren bekannt sind und Sie eigenständig mit diesen arbeiten können, dann haben Sie bereits einen wichtigen Schritt auf dem Weg zu Ihrem persönlichen Resilienz-Führerschein absolviert.

Martin Hafen stellt in seinem lesenswerten Buch *Mythologie der Gesundheit* erstaunt die Frage, wie wir diese vier Aspekte eines gesunden Lebens jemals aus den Augen verlieren konnten und sie nun erst nach und nach „wiederentdecken", denn:

Gesundheit war bereits im Altertum und Mittelalter sehr tief in das Zusammenspiel von Körper, Geist, sozialer, ökologischer und spiritueller Umwelt eingebunden. Sie wurde nicht aus sich heraus verstanden, sondern immer nur im Hinblick auf ein übergeordnetes Bezugssystem. Paracelsus bezog damals sogar ein alles verbindendes, göttliches System mit ein. Erst später wurde der Körper zwischen Mensch und Kosmos „geschoben" und Gesundheit reduzierte sich irgendwann nur noch auf das „somatische Schweigen der Organe" [2].

Eine berechtigte Frage. Wann, wie und warum haben wir den ganzheitlichen Blick menschlichen Daseins so stark auf Biologie und das „Schweigen der Organe" reduziert? Körper, Geist und Seele waren, sind und werden stets eine untrennbare Einheit sein. Wir benötigen jeden einzelnen dieser Aspekte für ein gesundes, menschenwürdiges und ausbalanciertes Leben. Berücksichtigen wir dies nicht, so fehlt uns etwas, und wir kommen in ein Ungleichgewicht, werden krank. Beim Arzt unseres Vertrauens werden wir deshalb mit der Frage konfrontiert:

Was fehlt Ihnen denn?

Eine Frage, die wir uns individuell und kollektiv zunehmend selbst wieder häufiger stellen dürfen. Was fehlt uns denn für ein gesundes Leben und Zusammenleben? Worauf will uns die rapide Zunahme psychischer und psychosomatischer Erkrankungen hinweisen?

Als resiliente Führungskraft sollten Sie Ihren Mitarbeitern diese Frage immer wieder stellen. Sie ist eine einfache und gleichzeitig sehr effektive Variante einer „Mitarbeiterbefragung".

Neben der Weltgesundheitsorganisation haben sich auch die Salutogenese- und Resilienzforschung intensiv mit der Frage befasst, was ein gesundes (Zusammen-)

Leben kennzeichnet. Betrachten wir zuerst das Konzept der Salutogenese.

Das Konzept der Salutogenese

Der Medizinsoziologe Aaron Antonovsky prägte in den 1980er-Jahren den Begriff der Salutogenese [3]. Er hat erforscht, aus welchen Faktoren Gesundheit und Wohlbefinden entsteht (Salus bedeutet im Lateinischen Gesundheit, Genese die Entstehung).

Anhand seiner Studien kam er zu dem Ergebnis, dass Gesundheit mit einem Kohärenzgefühl (Sense of Coherence) korreliert. Dieses kohärente Gefühl stellt sich ein, wenn folgende Aspekte im Leben eines Menschen erfüllt sind [4]:

Gefühl der Verstehbarkeit:

Menschen möchten verstehen und begreifen, das Leben soll kein unkalkulierbares Chaos darstellen. Im Leben sollen gewisse Gesetzmäßigkeiten und eine Ordnung erkennbar sein, sodass der Verstand greifen, begreifen, verstehen, ordnen und strukturieren kann.

Gefühl der Steuerbarkeit:

Über die reine Verstehbarkeit hinaus wollen Menschen auch das Gefühl haben, dem Leben nicht hilflos ausgeliefert zu sein. Sie möchten nicht „fremdgesteuert" leben, sondern das Ruder selbst in Händen halten, Selbstwirksamkeit erleben.

Forschungsergebnisse aus anderen Richtungen untermauern dies. Wenn Menschen über einen längeren Zeitraum das Gefühl haben, Situationen hilflos ausgeliefert zu sein, entsteht daraus Resignation und Ohnmacht. Diese „erlernte Hilflosigkeit" [5] kann depressive Verstimmungen und Depressionen auslösen.

Gefühl der Sinnhaftigkeit:

Und noch ein dritter Aspekt ist aus der Sicht Antonovskys für ein gesundes Leben bedeutsam. Neben der *Verstehbarkeit* und *Steuerbarkeit* braucht der Mensch auch ein Gefühl von Bedeutung und *Sinn* im Leben. Diese Sichtweise vertritt auch Viktor Frankl, der Begründer der Logotherapie [6], der das Nietzsche-Zitat.

Wer ein Warum zum Leben hat, erträgt fast jedes Wie [7]

zum Leitsatz seines Lebens gemacht hat.

Werte, Glaube, Hoffnung und Vertrauen spielen im Zusammenhang mit Sinnerleben und Sinnhaftigkeit eine wesentliche Rolle. Jeder Mensch wird in seinem Leben immer wieder mit Phasen konfrontiert, in denen Verstehbarkeit und Steuerbarkeit nicht gegeben sind. Auf diese salutogenen Kraftquellen haben wir temporär keinen Zugriff. Dann benötigen wir eine Ressource, die über den Verstand und die Kontrollierbarkeit hinausgeht, etwas Spirituelles, Sinngebendes.

Betrachten wir im nächsten Schritt, was ein gesundes Leben aus Sicht der Resilienzforschung braucht.

Resilienz und Resilienzfaktoren

Die Resilienzforschung orientiert sich ebenfalls an einer salutogenetischen statt pathogenetischen [3] Sichtweise und befasst sich mit der Frage, wie Menschen – selbst unter schlechtesten Voraussetzungen und widrigsten Umständen – gesund bleiben können. Welche Ressourcen und Schutzfaktoren stehen resilienten Menschen zur Verfügung? Lassen sich diese trainieren?

Die Erforschung der Resilienzfaktoren begann bereits vor 50 Jahren mit Emmy Werner und Ruth Smith [8] und hat über die Jahrzehnte hinweg immer wieder zu vergleichbaren Ergebnissen geführt. Die Anzahl protektiver, resilienzstärkender Faktoren war damals jedoch noch überschaubar. Wer Google heute zu RESILIENZ befragt, erhält 2,6 Mio. Einträge und eine verwirrende Vielfalt an unterschiedlichen, teils widersprüchlichen, Modellen und Definitionen, die den Einstieg ins Thema nicht gerade erleichtern. Und es gibt mittlerweile fast keine menschliche Eigenschaft mehr, die nicht in der Lage wäre, unsere psychische Widerstandsfähigkeit zu erhöhen. Albert Einstein hat in diesem Zusammenhang einmal sinngemäß formuliert:

Wenn du es nicht einfach erklären kannst, hast du es noch nicht genug verstanden [9].

Zu denen, die Resilienz offensichtlich sehr gut verstanden haben, darf demnach Dr. Joachim Galuska [10], Facharzt für psychosomatische Medizin und ehemaliger Leiter der Heiligenfeld Kliniken gezählt werden. In einem Radiointerview hat er auf die Frage der Moderatorin, was diese Resilienz denn eigentlich sei, in wunderbarer Einfachheit erklärt:

Es sind die „drei großen S" im Leben eines Menschen: Selbstvertrauen, soziale Unterstützung und Sinn.

Ich arbeite nach mittlerweile 25 Jahren intensiver Auseinandersetzung mit Salutogenese, Resilienz, Vulnerabilität, Stressmanagement, Coping und integraler Gesundheit sehr gerne mit seinem Bild der „3 S". Es reduziert die Vielzahl mittlerweile kursierender Modelle auf das Wesentliche.

Wem andere Modelle bekannt sind, z. B. die „Sieben Säulen der Resilienz", der wird bei genauer Betrachtung feststellen, dass sich die sieben Aspekte in den „3 S"

wiederfinden und sehr gut subsumieren lassen. Die
Reduzierung driftet daher keinesfalls ins Banale ab,
sondern trägt zu einer Vereinfachung und besseren Ein-
prägsamkeit bei. Ich kann den Zeitpunkt des Interviews
nicht mehr genau datieren, es dürfte vor etwa sechs bis
sieben gewesen sein, eine Sendung im Bayerischen Rund-
funk. Da ich die Entwicklungen im Gesundheitssektor
intensiv verfolge, würde ich Stand heute gerne einen
weiteren Resilienzfaktor ergänzen, ein viertes großes S:

Das Selbstmitgefühl.

Der Stellenwert und die immense Bedeutung unserer
Gefühle für ein gesundes Leben und Zusammenleben
wurden gerade in den letzten Jahren noch viel klarer
herausgearbeitet. Wir sind Gefühlswesen und unsere
Gefühle brauchen entsprechenden Platz. Geben wir ihnen
keinen Raum, lassen sie nicht fließen, bringt uns dies auf
Dauer in die Erschöpfung und macht uns krank, wie wir
im weiteren Verlauf noch sehen werden.

Das Selbstwert*gefühl* war zwar – im Rahmen des Selbst-
vertrauens – bereits integriert, doch handelt es sich bei
diesem „Gefühl" eher um eine kognitive Einschätzung,
um den Bereich unseres „Mindsets". Das Denken darf
durch das Fühlen ergänzt werden. Wenn Mindset und
„Feelset" sich vereinen, wird es ganz, heil, gesund. Ein
Aspekt, der in allen Therapieformen, die sich mit der
Synchronisation der linken und rechten Gehirnhälfte
befassen (Hemisphären-Synchronisation), berücksichtigt
wird, z. B. in der Traumatherapie. Doch damit müssen
Sie sich als Führungskraft nicht tiefer befassen, es reicht
durchaus, wenn Ihnen bewusst ist, dass unsere Gefühle
auch im Arbeitsleben Berücksichtigung finden sollten.

Für Ihren persönlichen Resilienz-Führerschein merken
Sie sich bitte neben den VIER Aspekten eines gesunden
Lebens (bio, psycho, sozial, spirituell), die VIER wesent-
lichen Resilienzfaktoren („4 S"):

- Selbstvertrauen (eher kognitiver psychischer Aspekt)
- Selbstmitgefühl (emotionaler psychischer Aspekt)
- Soziale Unterstützung (sozialer Aspekt)
- Sinn (spiritueller Aspekt)

Betrachten wir im nächsten Schritt, was sich hinter den vier Aspekten eines gesunden Lebens im Detail verbirgt.

3.2   Arbeitsmodell: Resilienz – dein Wagen mit vier Rädern

Über die unzähligen Begegnungen mit Menschen habe ich in den letzten 25 Jahren ein eigenes „Arbeitsmodell" entwickelt, das ich Ihnen gerne vorstellen möchte. Modelle können einen Menschen natürlich niemals in seiner Einzigartigkeit erfassen, doch ermöglichen sie eine gewisse Orientierung. Die Landkarte ist niemals die Landschaft, und dennoch hilft sie uns an mancher Stelle weiter. Von Klienten, Coachees und Ausbildungsteilnehmern erhalte ich immer wieder die Rückmeldung, dass ihnen das Modell den Transfer in den Alltag erleichtert und sie mit dieser „Eselsbrücke" sehr gut arbeiten können.

Das Arbeitsmodell

Resilienz – dein Fahrzeug mit vier Rädern

unterstützt sie dabei, immer wieder darauf zu achten, dass alle vier Räder am Fahrzeug aufgezogen sind und der Luftdruck in den einzelnen Reifen stimmt.

Die vier Aspekte (Räder) fließen beim Menschen natürlich in EINEN großen Reifen über. Wir haben keine vier Einzel-Räder, sondern sind eine komplexe Einheit aus bio-psycho-sozialen und spirituellen Anteilen. Gleichzeitig kann das Modell dabei helfen, das Chaos, das Menschen während ihrer Erschöpfung erleben, etwas greifbarer, verstehbarer und steuerbarer zu machen, was laut Aaron Antonovsky zur Stärkung ihres Kohärenzgefühls beitragen kann.

Es freut mich immer wieder, wenn Mitarbeiter im Nachgang von Veranstaltungen auf spielerische Art und Weise mit dem Modell arbeiten, und sich augenzwinkernd befragen:

Na, welcher Reifen braucht denn bei dir gerade dringend Luft?

oder

Du hast deinen Sozio-Reifen aber heute in der Garage vergessen, oder?

Wir sind in unserer (Unternehmens-)Kultur, was psychische Themen anbelangt, noch weit von einem natürlichen Umgang entfernt. Tabuisierung und Stigmatisierung machen uns bei der geplanten Umsetzung häufig noch einen Strich durch die Rechnung. Vielleicht kann dieses Arbeitsmodell einen kleinen Teil dazu beitragen, „Psycho-Themen" nachvollziehbarer, natürlicher, lebendiger und entspannter zu gestalten, und somit einen fast spielerischen Einzug in den Unternehmenskontext zu ermöglichen? Dass eine Integration stattfinden muss, verdeutlicht die gesetzlich vorgeschriebene „psychische Gefährdungsbeurteilung".

Doch machen Sie sich im nächsten Schritt Ihr eigenes Bild von dem Modell. Lassen Sie Ihrer Kreativität dabei freien Lauf. Passen Sie die vier „Reifen" an Ihre Situation an. Gerade bei Bewegungs- und Sportbegeisterten erlebe ich immer wieder, dass sie die vier Räder ihres Wagens in vier Muskeln übertragen, die trainiert werden wollen. Der Gefühls-Muskel (psycho), der Beziehungs-Muskel (sozio) und der Sinn-Muskel (spirituell) wollen stets mit trainiert werden. Es reicht nicht aus, nur den Bio-Muskel (Körper) zu trainieren.

Bevor wir jedoch gemeinsam tiefer in die vier Räder eintauchen, erlauben Sie mir noch ein paar Sätze vorab. Auf den ersten Blick könnte es so erscheinen, als ob psychologische und spirituelle Themen eher weniger mit dem Wirtschaftsleben und einer Führungstätigkeit zu tun haben. Aus meiner persönlichen Sicht und Erfahrung als Wirtschaftler *und* Psychologe ist das jedoch ein Irrglaube. Ein Irrglaube, der uns genau an den Punkt hat kommen lassen, an dem wir uns aktuell befinden, nämliche einer rapide zunehmenden Erschöpfung und einer wachsenden Zahl psychischer und psychosomatischer Erkrankungen.

Die Ursachen für diese Entwicklung liegen nach meiner Einschätzung in nicht geringem Maße genau darin, dass wir Psyche und Spiritualität viel zu lange als nicht relevant im Arbeitsprozess angesehen haben. Wir haben den Menschen auf Teilaspekte seines Seins reduziert. Diese Reduzierung erschöpft und macht uns krank.

Wir werden in Zukunft Führungskräfte brauchen, die sich selbst und andere in ihrer Ganzheit betrachten, die über ausreichend Gesundheitskompetenz verfügen und eine menschliche, am Lebewesen Mensch orientierte, Haltung haben.

Gestatten Sie mir noch eine „rothsfreche" Äußerung:

Wer sich im Straßenverkehr bewegen, ein Fahrzeug „führen" will, der darf dies nicht ohne Führerschein. Keine Begegnung mit anderen Fahrzeugen und Verkehrsteilnehmern ohne entsprechenden Nachweis. Wer täglich mit Menschen „verkehrt", braucht dazu keine entsprechende Qualifikation, im Sinne von *Menschenkompetenz.*

Wenn wir gesündere (Arbeits-)Verhältnisse anstreben, kann und darf das nicht so bleiben. Gesundheitskompetenz und Menschenkompetenz, und dazu gehören elementare Kenntnisse der bio-psycho-sozialen und spirituellen Anteile, sollten die Eintrittskarte in eine Führungstätigkeit sein. Ohne Ticket keine Führungsposition. Das ist meine Haltung.

Führungsaufgaben dürfen heutzutage nicht mehr vorrangig aufgrund vorhandener Fachkompetenz vergeben werden. Diese ist wichtig und sollte dringend durch eine solide psychische, soziale und spirituelle Kompetenz ergänzt werden. Wem dieses Verständnis und diese Haltung fehlt, der sollte keine Führungsaufgaben anstreben und auch nicht übertragen bekommen. Das sage ich aus meiner täglichen Erfahrung mit erschöpften Menschen, als Sprachrohr. Wir können uns als Gesellschaft keine gesundheitsinkompetenten, „unmenschlich" agierenden Führungskräfte mehr leisten.

Was verstehe ich unter „unmenschlich"?

Die Bezeichnung „unmenschlich" greift für mich persönlich bereits in dem Moment, wo Führungskräfte der Ganzheit des Menschen nicht bewusst sind und ihr nicht gerecht werden können oder wollen. Wo Menschen – und sei es aus Unwissenheit – nur in einer reduzierten Form betrachtet werden, als Stelleninhaber, Produktionsfaktor, humane Ressource. Wo nicht der Mensch im Vordergrund steht, sondern die Leistungsfähigkeit und Funktionalität.

Die Erfahrung zeigt, dass den wenigsten Führungskräften die Ganzheitlichkeit eines Menschen bewusst ist, weder die eigene noch die ihrer Mitmenschen. Resiliente (Selbst-)Führung ist somit unmöglich.

Doch was verbirgt sich nun hinter den einzelnen Rädern unseres Fahrzeugs? Beginnen wir mit der Betrachtung des Bio-Reifens.

Unser Körper – der Bio-Reifen

Ich bin wie gesagt Kaufmann und Psychologe. Der Körper-Reifen ist nicht mein Spezialthema. Aus diesem Grund arbeite ich in einem Netzwerk mit erfahrenen Ärzten, Komplementär- und Arbeitsmedizinern, Schmerztherapeuten und vielen anderen Spezialisten auf ihrem Gebiet. Menschen, bei denen die körperlichen Aspekte noch nicht ausreichend getestet wurden, empfehle ich deshalb erst einmal weiter. Warum psychische Probleme „an den Haaren herbeiziehen", wenn möglicherweise hormonelle, biochemische, organische oder andere Gründe primär ursächlich für die Erschöpfung verantwortlich sind.

Als Psychologe erlebe ich jedoch auch die Einflüsse sozialer, spiritueller und sozialer Faktoren auf die Entstehung der Erkrankung, und wie häufig diese nicht in die Anamnese einbezogen werden. Wir sollten – im Sinne des Wohles der Patienten und Klienten – zukünftig noch mehr darauf achten, den Menschen nicht ausschließlich durch unsere eigene Brille zu betrachten. Ganzheitliche Gesundheit braucht aufgrund der Komplexität und Individualität der Menschen den Blick durch mehrere Brillen, und das Zusammenwirken unterschiedlicher Professionen. Mit der Betrachtung des Körper-Reifens begebe ich mich also auf fremdes Terrain, deshalb meine Empfehlung an Sie:

Suchen Sie sich für Ihr biologisches Rad kompetente und vertrauensvolle Begleiter und reduzieren Sie Ihre Gesundheit und Ihr Wohlbefinden bitte nicht auf den Körper-Reifen. Das geschieht sehr häufig. Es mag damit zusammenhängen, dass wir dieses Rad gar nicht in der Garage vergessen können. Wir sind ständig mit unserem Körper unterwegs, er begleitet uns permanent. Dabei gerät jedoch allzu leicht in Vergessenheit, dass er nicht nur den Luftdruck im Bio-Reifen zum Vorschein bringt, sondern gleichermaßen die Gesamtbefindlichkeit aller vier Reifen „verkörpert". An ihm und durch ihn kommt unsere Ganzheit zum Vorschein, auch Geist und Seele. Und nicht selten steht uns unser psychosoziales und spirituelles Wohlbefinden dabei im wahrsten Sinne des Wortes biologisch „ins Gesicht geschrieben".

Fühlt sich Ihr Fahrzeug instabil an, kommt ins Schlingern, wird womöglich sogar aus der Bahn geworfen, achten Sie bitte auf die VIER. An Ihrem Firmenwagen prüfen Sie schließlich auch nicht nur den Luftdruck in einem Reifen, bevor es auf Geschäftsreise geht.

Machen wir einen kurzen Umweg und einen Zwischen-Stopp in der Medizin. Auch hier wird diese ganzheitliche vierdimensionale Sichtweise eines Menschen und seiner Erkrankung immer häufiger in die Behandlung einbezogen, z.B. in der Schmerztherapie. Schmerz wird schon lange nicht mehr ausschließlich auf körperlicher Ebene behandelt, sondern multifaktoriell. In der multimodalen Schmerztherapie werden der soziale Schmerz, der psychische Schmerz und der spirituelle Schmerz stets mit integriert.

Zurück auf die Hauptstraße. Wie lässt sich unser Körper-Reifen eigenständig mit Luft befüllen? Dafür stehen und unter anderem folgende Möglichkeiten zur Verfügung:

- Gesunde Ernährung
- Bewegung
- Erholung und Entspannung
- Erholsamer Schlaf
- Bäder, Kuren, Massagen und vieles mehr

Was den Bio-Reifen anbelangt, begegne ich täglich Menschen, die bereits ein breitgefächertes Wissen hinsichtlich biologischer Gesundheit besitzen. Sie sind

Spezialisten für gesunde und ausgewogene Ernährung, Trainer und Coaches im Bereich (Leistungs-)Sport, Bewegung und Entspannung, Experten für gesunden und erholsamen Schlaf und vieles mehr. Ihren Körper-Reifen pflegen sie meist sehr gut. Die anderen drei Räder sind ihnen jedoch eher weniger bekannt.

Und auch im Unternehmenskontext haben wir hauptsächlich die körperliche Gesundheit im Fokus. Diese muss durch den Arbeitgeber zwingend gewährleistet sein, und wird durch die obligatorischen Gefährdungsbeurteilungen der vorhandenen Umgebungsbedingungen – Luftqualität, Lärm, Gifte, Strahlungen und vieles mehr – überprüft. Durch die rapide Zunahme psychischer und psychosomatischer Erkrankungen haben wir erkennen dürfen, dass eine Gefährdungsbeurteilung auf rein körperlicher Ebene nicht ausreicht. Diese wurde deshalb seit 2013 um die Beurteilung psychischer Gefährdungspotenziale ergänzt. Eine längst notwendige Ergänzung.

Unser Psycho-Reifen

Während sich Menschen ihres Bio-Reifens sehr bewusst sind und viele Möglichkeiten kennen, diesen zu stärken, fällt ihnen das beim Psycho-Reifen schon schwerer. Psyche, was ist damit gemeint? Und wie kann ich meiner Psyche aktiv Gutes tun? Führungskräfte müssen keine (Psycho-)Therapeuten sein, dennoch sollten ihnen grundlegende Aspekte menschlicher Psyche bekannt sein. Lassen Sie uns den Psycho-Reifen als den Reifen definieren, in dem sich unsere

- Lebenserfahrungen (bis hin zu Traumatisierungen)
- Gedanken
- Glaubenssätze
- Gefühle
- Motivation

befinden.

Hier wird ein wesentlicher Unterschied zum Körper-Reifen deutlich. Plötzlich haben wir es nicht mehr mit dem Sichtbaren, dem Materiellen, dem (Be-)Greifbaren zu tun, sondern mit dem Innenleben eines Menschen, seiner Gedanken- und Gefühlswelt. Unserer eigenen oder der eines Mitmenschen. Erschwerend kommt hinzu, dass diese Innenwelt bewusste und unbewusste Anteile besitzt. Gedanken, Glaubenssätze, Gefühle, Haltungen, Motivationen, die uns selbst noch gar nicht bewusst sind und dennoch unser Verhalten (mit-)verursachen.

Das mag einer der Hauptgründe dafür sein, warum wir uns mit psychischen Themen weniger gern befassen. Sie sind nicht auf Anhieb greifbar, verstehbar und steuerbar. Wir können nicht in andere „hineinschauen", oft noch nicht einmal in uns selbst. Das scheint uns zu verunsichern, und dieser Verunsicherung begegnen wir nicht selten mit Vermeidung und Verdrängung. Doch ist die eigene Innenschau und Selbsterkundung die Basis für eine gesunde Selbstführung, und diese wiederum die Voraussetzung, um andere resilient führen zu können. Führungskräfte kommen nicht daran vorbei, ihre eigene Psyche zu erkunden. Ähnlich wie wir unserem Körper durch gesunde Ernährung und Bewegung Gutes tun, können wir unser psychisches Wohlbefinden durch gesunde Gedanken und Glaubenssätze, ein gesundes Gefühlsleben und das „Heilen alter Wunden" stärken. Betrachten wir die einzelnen Aspekte der Reihe nach.

Resiliente Gedanken und Glaubenssätze

Gedanken und Glaubenssätze, was ist der Unterschied?

Gedanken sind mit einer Spur im Neuschnee vergleichbar, die wir hinterlassen, wenn wir diese Strecke zum ersten Mal befahren. Die Reifen hinterlassen Eindrücke im Schnee, die durch nachfolgende Schneeflocken wieder komplett bedeckt werden. Die Spuren sind früher oder später kaum oder gar nicht mehr zu sehen.

Glaubenssätze können Sie mit einer Route vergleichen, die Sie hunderte, tausende Male gefahren sind. Die Spur ist durch das ständige Befahren so tief, dass sie selbst durch die nachfolgenden Schneeflocken deutlich erkennbar ist, der Schnee so hart und zusammengepresst, der Untergrund so eisig, dass es kaum möglich ist, diese Spur zu verlassen. Kaum eine Möglichkeit, auszuscheren.

Besitzen Gedanken noch etwas Flüchtiges, verflüchtigen sich Glaubenssätze kaum mehr. Sie ähneln „Versteinerungen", und haben eine starke Wirkung auf unser Wohlbefinden und unsere Resilienz. Weit verbreitete Glaubenssätze, denen ich in der Praxis immer wieder begegne, sind z. B.:

Ich genüge nicht.

Ich muss funktionieren.

Ich muss perfekt sein.

Nur wenn ich etwas leiste und erreiche, bin ich wertvoll.

Andere Menschen sind wichtiger und wertvoller als ich.

Diesen Glaubenssätze, inneren Kritikern und Antreibern sind wir uns häufig noch nicht einmal bewusst. Aufgrund der fehlenden Innenschau und Selbstreflexion liegen sie im Verborgenen und beeinflussen unser Denken, Fühlen und Handeln gewissermaßen aus dem Untergrund. Deshalb ist es so bedeutsam, dass wir nicht nur unsere körperliche, sondern auch unsere psychische Gesundheit im Auge haben, denn mit den genannten Glaubensätzen wird sich kaum ein Mensch wohlfühlen.

Erschwerend kommt hinzu, dass Glaubenssätze ein hohes Potenzial besitzen, uns „fremdzusteuern". Betrachten wir zur Verdeutlichung die Bedeutung dieser „eingefahrenen Routen" im Zusammenhang mit Burnout. Herbert Freudenberger und Gail North haben bereits im Jahre 1992 ein Modell entworfen, welches diesen verdeutlicht [11]. Aufgrund der zwölf Phasen wird dieses Modell auch gerne als „Burn-out-Uhr" bezeichnet. Für unsere Betrachtung reichen jedoch die ersten fünf Stufen des Modells:

Phase 1: der Zwang, sich beweisen zu müssen
Phase 2: verstärkter Einsatz
Phase 3: Vernachlässigung eigener Bedürfnisse
Phase 4: Verdrängung von Konflikten und Bedürfnissen
Phase 5: Umdeutung von Werten

Wir können sehen, dass der Einstieg in die Erschöpfung mit dem Glaubenssatz beginnt:

Ich muss mir und/oder anderen etwas beweisen.

Die Existenz dieses Glaubenssatzes ebnet überhaupt erst den Weg in die Erschöpfung(-sdepression).

Für eine resiliente Selbstführung ist es daher wichtig, sich der eigenen Glaubenssätze bewusst zu werden und diese im Bedarfsfall in „gesündere" zu transformieren. Dieser Prozess kann als Arbeit an einem resilienten Mindset bezeichnet werden.

Kommen wir zu einem weiteren Aspekt unserer Psyche, unseren Gefühlen. Unser Wohlbefinden wird nicht durch unsere Gedanken und Glaubenssätze beeinflusst, sondern auch durch unsere Gefühlswelt.

Dieser haben wir in unserer Kultur bisher viel zu wenig Betrachtung geschenkt. Vielleicht weil wir davon aus-

gegangen sind, dass die Arbeit an unserem Selbstwertgefühl bereits ausreichend wäre. Dem ist jedoch nicht so.
Wir brauchen die Integration des Gefühls, speziell des
Selbst-Mitgefühls. Eine tieferehende Betrachtung würde
jedoch den Rahmen dieses Buches sprengen. Falls Sie sich
intensiver mit dem Thema befassen möchten, empfehle
ich Ihnen die Forschungen zum Selbstmitgefühl (Self
Compassion), insbesondere von Kristin Neff [12].

Für Führungskräfte mag an diesem Punkt der Hinweis
ausreichen, sich im Sinne der eigenen Resilienz auf jeden Fall
mit der eigenen Gefühlswelt zu verbinden, denn diese will
für ein gesundes Leben einbezogen werden. Unterdrücken
wir unsere Gefühle, kann dies zu Mikroentzündungen im
Körper führen, die unser Immunsystem schwächen. Aus
dem geschwächten Immunsystem resultieren nicht selten
Folgeerkrankungen. Das zeigen die Forschungsergebnisse
aus der Psycho-Neuro-Immunologie [13].

Menschen sind Gefühlswesen und Gefühle wollen zum
Ausdruck gebracht werden. Ohne unsere Gefühlswelt sind
wir nicht ganz, uns fehlt etwas, wir werden krank. Mit
Gefühlen können wir in unserer Kultur jedoch noch nicht
natürlich umgehen. Sie werden häufig als etwas Befremd-
liches, Unangemessenes, Unpassendes angesehen und
daher eher unterdrückt, in besonderem Maße im Arbeitsprozess, und hier insbesondere von Männern. Nach-
vollziehbar, denn deren Sozialisation war nicht selten noch
durch Sätze geprägt wie:

Ein Indianer kennt keinen Schmerz.

Männer zeigen keine Gefühle.

Gefühle sind etwas für Warmduscher und Weicheier.

Was einen nicht umbringt, macht nur härter.

Und so gestaltet sich das (Zusammen-)Leben von und mit Männern nicht selten relativ gefühlsarm. Das ist weder Kritik noch Beurteilung, es ist die Darstellung eines Ursache-Wirkungs-Zusammenhangs. Die entscheidende Frage wird sein, wie diese Prägung und Konditionierung transformiert werden kann. Im Sinne einer resilienten (Selbst-)Führung brauchen wir dringend mehr fühlende Führungskräfte. Führung und Fühlung.

Die rapide Zunahme psychosomatischer Erkrankungen zeigt deutlich, dass wir die menschliche Psyche noch nicht entsprechend integriert haben. Weil diese nicht ausreichend berücksichtigt wird, sucht sie sich ihren Weg über den Körper, und bringt sich auf diese Weise zum Ausdruck.

Unser Sozio-Reifen:

Der Mensch ist ein soziales Wesen. Eine Binsenweisheit. Ohne unser soziales Umfeld hätten wir nach der Geburt nicht einmal überleben können. Wir waren sozusagen auf „Gedeih und Verderb" auf sozialen Kontakt angewiesen.

Diese sozialen Kontakte haben uns geprägt. Wir haben die Welt, das Leben und uns selbst, durch sie erfahren. Wie wir heute über unser SELBST denken und fühlen, ihm vertrauen, es lieben, hängt sehr stark von unseren (früh-)kindlichen Beziehungs- und Bindungserfahrungen ab.

So kann sich – in Anlehnung an die *Bindungstheorie* [14] – durch sozial unterstützende, sichere Beziehungserfahrungen ein resilientes Selbstwertgefühl und -mitgefühl in uns entwickeln, durch unsichere, kränkende oder traumatisierende Lebenserfahrungen eher Selbstkritik, Selbstabwertung und -ablehnung, bis hin zur Selbstzerstörung.

Kränkung macht krank, schreibt der österreichische Psychiater und Psychotherapeut Reinhard Haller in seinem Buch *Die Macht der Kränkung* [15].

Schmerz durch Kränkung, Ablehnung, Zurückweisung und Bestrafung in sozialen Begegnungen wird in den gleichen Hirnarealen verarbeitet wie körperlicher Schmerz. Ausgrenzung bis hin zu Mobbing macht krank, soziale Unterstützung, Einbindung und Zugehörigkeit halten uns gesund.

Der Psychiater und psychosomatische Mediziner Joachim Bauer weist ebenso wie Reinhard Haller auf die besondere Bedeutung unserer sozialen Beziehungserfahrungen hin. Er hat herausgefunden, dass unser Körper alle Lebenserfahrungen speichert und „aus Psychologie Biologie" macht:

Alles, was wir als Kinder lernen, erfahren und emotional erleben, vollzieht sich im Zusammenhang mit zwischenmenschlichen Beziehungen. Diese emotionalen Beziehungserfahrungen der Kindheit werden in Nervenzell-Netzwerken gespeichert und hinterlassen einen „Fingerabdruck" in unserer Amygdala [16].

Was hat das mit Ihrer Führungsaufgabe zu tun? Diese abgespeicherten emotionalen Erfahrungen unterliegen meist nicht der Kontrolle des Bewusstseins, beeinflussen jedoch all unsere weiteren menschlichen Begegnungen, indem sie als Abgleich für Situationen im Heute dienen. Permanent taxieren wir *unbewusst* das „Gefahren- und Schmerzpotenzial" eines Sozialkontakts. Könnte es wieder wie damals kränken, schmerzen, Angst erzeugen, traurig oder ohnmächtig machen? Kann ich vertrauen oder muss ich flüchten, mich totstellen oder in den Angriff übergehen?

Ihre ursprünglichen Bindungserfahrungen haben biologische, psychologische und soziale Langzeitfolgen, Ihr Gehirn hat entsprechende „Bahnen" gebildet. Führungskräfte begegnen Menschen daher nicht selten mit einem (unbewussten) Verhaltens-Automatismus. Je nachdem, wie sie „konditioniert" wurden. Unsere Selbstwirksamkeit und Selbststeuerung weicht dann in bestimmten „Trigger-Situationen" zunehmend dem Gefühl einer Fremd-steuerung. Deshalb ist es für Sie als Führungskraft so wichtig, Ihre bewussten und unbewussten Prägungen zu erforschen. Sonst könnte es sein, dass Sie sich wie ein „verletztes kleines Kind" verhalten. Führungskräfte schildern diese Situationen hinter verschlossenen Türen nicht selten mit folgenden Worten [17]:

Da bin ich aus der Haut gefahren.

Da stand ich richtiggehend neben mir.

Da hat mich irgendwie der Teufel geritten.

Da war ich nicht Herr meiner Sinne.

Da habe ich komplett die Kontrolle verloren.

Sie sollen als Führungskraft kein Therapeut werden, doch dürfen Sie zu einem „Therapeuten in eigener Sache" werden. Werden Sie sich Ihrer eigenen Kränkungen und Verwundungen bewusst, befassen Sie sich mit Ihrer Biografie und Familiengeschichte, denn diese beeinflusst unsere Befindlichkeit und unser Wohlbefinden mehr als wir glauben.

Selbsterkenntnis und gesunde Selbstführung sind die Voraussetzung für die Gestaltung gesunder Begegnungen und den Aufbau resilienter Strukturen. Ohne Selbsterkenntnis könnte es Ihnen als Führungskraft so ergehen wie dem Herrn im folgenden Beispiel.

Ein Mann kommt zum Psychiater:

„Herr Doktor, Sie müssen mir helfen. Mein Chef will mich feuern. Meine Frau will sich von mir scheiden lassen. Meine Mitarbeiter reagieren nicht, wenn ich sie rufe. Meine Kinder wollen nicht mit mir sprechen. Sogar mein Hund knurrt mich an. Ich verstehe das nicht. Wie kann ich von so vielen Idioten umgeben sein!"

Um bei unserem Fahrzeug mit vier Rädern zu bleiben: Sind es im Straßenverkehr nicht auch stets die anderen „Idioten", die nicht fahren können?

Runden wir unsere ganzheitliche Betrachtung eines gesunden Lebens im nächsten Schritt mit der Betrachtung des spirituellen Reifens ab.

Sinnlosigkeit und die dadurch entstehende Belastung sind heute Hauptgrund für Krankheiten in der modernen Welt (Danah Zohar) [18].

Unser spirituelles Selbst

Last but not least ist der Mensch auch ein spirituelles Wesen. Ein Begriff, der im Unternehmenskontext und bei Führungskräften aus meiner persönlichen Erfahrung immer noch sehr stark irritiert. Nicht selten werden die Stühle in der Unterhaltung um ein paar Zentimeter nach hinten gerückt, wenn der spirituelle Reifen unseres Fahrzeugs zur Sprache kommt.

Vielleicht liegt es daran, dass Spiritualität zu sehr mit religiösen und metaphysischen Fragen assoziiert wird? Dabei wird leicht übersehen, dass diese auch eine sehr „geerdete" Komponente besitzt, die Frage nach der „Sinnhaftigkeit". Unzählige Studien haben gezeigt, dass Sinnempfinden und

Sinnhaftigkeit wesentliche Faktoren eines gesunden Lebens sind. Dies haben wir auch bei Aaron Antonovsky und seinem „Kohärenzsinn" bereits entdecken können.

Sinn steht in engem Zusammenhang mit Werten. Die Unternehmensberater Gregor Vogelsang und Christian Burger schreiben dazu in ihrem Buch *Werte schaffen Wert* [19]:

Werte können und leiten (und Sinn vermitteln Anm. des Verfassers). Sie sind Leitvorstellungen für das, was wir für wünschenswert und bedeutsam halten. Das, was uns HEILIG ist, sind unsere Werte. Sie sind nicht nur handlungsleitend, sondern sie geben uns einen Maßstab in die Hand, der uns hilft, selbstbestimmt „das Richtige" zu tun [19, S. 47].

Die enorme Bedeutung für resiliente (Selbst-)Führung wird auch in einer Befragung der Unternehmensberatung Booz Allen und Hamilton [20] hervorgehoben. Diese hat den 150 führenden Unternehmen in Deutschland, Österreich und der Schweiz die Frage gestellt:

Glauben Sie, dass Werte wirtschaftlichen Nutzen generieren?

95 % der Unternehmen beantworteten diese Frage mit einem klaren JA.

Vogelsang und Burger ergänzen:

Um diese Ergebnisse angemessen zu würdigen, sollte man zweierlei bedenken: Die Befragten bilden keineswegs eine homogene Gruppe, sondern stammen aus ganz unterschiedlichen Branchen, in denen ihr Unternehmen jeweils zu den Führenden gehört. Eine derart hohe Übereinstimmung wird man nur bei sehr wenigen Fragestellungen erwarten dürfen.

Gesundes, resilientes Leben braucht Werte und Sinn. Wir dürfen diese Erkenntnis noch wesentlich stärker in den Unternehmenskontext integrieren. Wenn Ihnen „spirituelles Führen" als Führungskraft noch nicht so leicht über die Lippen kommen mag, dann verwenden Sie doch die Formulierung „werteorientierte Führung" oder „sinnstiftende Führung". Wie immer Sie es für sich bezeichnen möchten, Sie werden nicht umhin kommen, die Spiritualität in den Führungsprozess einzubinden.

Sie haben bisher schon einiges über ganzheitliche Gesundheit und Resilienz erfahren. Betrachten wir im Folgenden noch einige Aspekte, die Ihnen als resiliente Führungskraft bekannt sein sollten.

3.3 Stress – Burn-out – Psychosomatik – psychische Gefährdungsbeurteilung

Der Stress-Irrtum

Nein, Stress ist nicht unser Problem, er bringt uns nicht in die Erschöpfung und macht uns nicht (psychisch) krank. Ganz im Gegenteil, Stress erhält und am Leben. Laut Hans Selye, einem Pionier der Stressforschung, ist er sogar ein unverzichtbares Lebenselixier. Er hat den denkwürdigen Satz geprägt [21]:

Kein Stress ist Tod.

Die Aussage „Ich bin gestresst", würde in seinem Verständnis sogar bedeuten, „Ich bin am Leben".

Urs Willmann schreibt in seinem Buch „Stress – Ein Lebensmittel": [22].

Stress erhöht sogar unsere Widerstandskraft.

Mit Stress allein können wir die zunehmende Erschöpfung also nicht begründen.

Was uns am eigentlich lebenserhaltenden Stress letztlich doch erschöpft und erkranken lässt, ist der Moment, bei dem wir gewissermaßen im Stress feststecken, also kein Wechsel mehr stattfindet zwischen Anspannung und Entspannung. Wenn wir keine Möglichkeit mehr sehen, selbstbestimmt das „Hamsterrad" zu verlassen. Dann wird der Stress zum „chronischen Stress" und erschöpft. Wie kommt es zu diesem Punkt?

Vereinfachend und „external attribuierend", könnten wir auch hier ausschließlich die Verhältnisse dafür verantwortlich machen, die uns ja schließlich überhaupt keine Chance mehr zur Entspannung geben. Damit bleiben wir jedoch im Hamsterrad stecken.

Wir dürfen tiefer gehen und die „internalen" Ursachen finden und ergänzen, die Gründe, die in uns selbst liegen. Dazu dürfen wir in Selbstreflexion die vier Reifen betrachten und uns bewusst werden, wo unsere persönlichen Krafträuber liegen. Dies können auf der kognitiven Ebene unsere Glaubenssätze sein, auf der emotionalen Ebene Gefühle, die (noch) blockiert sind und nicht fließen dürfen, oder auch eine empfundene Sinnlosigkeit.

Wenn Sie im beruflichen Kontext als Führungskraft von Ihren Mitarbeitern die „Stress-Antwort" für deren Erschöpfung oder Krankheit erhalten, dann darf Ihnen bewusst sein, dass dies eine oberflächliche, sozialverträgliche Formulierung darstellt, die ergänzende Fragen braucht [23].

Fragen Sie im Rahmen Ihrer Fürsorgepflicht nach, ob es arbeitsplatzbezogene Belastungen gibt, an denen gemeinsam etwas verändert werden kann. Liegt es an der Arbeitsquantität, am Betriebsklima, am Umgang miteinander, an mangelnden Freiräumen oder an der Art und Weise der Kommunikation oder Konfliktlösung?

Zeigen Sie Verständnis dafür, dass Mitarbeiter mit Ihnen möglicherweise nicht über die wahren Gründe reden können oder wollen. Gerade dann, wenn der „Stress" möglichweise mit Ihnen zu tun hat, Ihrem Führungsverhalten. Mitarbeiter wagen dies in den bestehenden hierarchischen Strukturen oftmals nicht zum Ausdruck zu bringen. Es braucht seitens der „hierarchisch Unterstellten", und so fühlen sich nicht wenige Mitarbeiter an ihrem Arbeitsplatz, ein hohes Selbstvertrauen und Mut, sich ihren Führungskräften anzuvertrauen. Das wird von Führungskräften häufig unterschätzt. Ohne positiv erlebte, ehrliche und authentische Begegnungen im Vorfeld verharren sie nicht selten in der Haltung:

Gehe nicht zu deinem Fürst, wenn du nicht gerufen wirst.

Als Führungskraft brauchen Sie daher ein gesundes Maß an eigenem Selbstvertrauen, Authentizität, Empathie, Konfliktbereitschaft und Fingerspitzengefühl im Kontakt mit Ihren Mitarbeitern, um deren Ängste und Befürchtungen immer wieder aufgreifen, diskutieren und integrieren zu können. Über die wahren Ursachen für persönlichen Stress am Arbeitsplatz reden zu können, braucht eine Basis gegenseitigen Vertrauens, und die darf erst einmal geschaffen werden. Das ist eine wesentliche (Führungs-)Aufgabe, der Sie sich stellen dürfen.

Wie der Weg von einer oberflächlichen Stress-Attribution zu den tieferen Gründen für den individuellen chronischen Stress aussehen kann, zeigt das folgende Fallbeispiel einer erschöpften Führungskraft.

Fallbeispiel aus der Praxis

Frau X. begegne ich als Therapeut in einer psychosomatischen Klinik. Sie ist Personalleiterin und Mitglied der Geschäftsführung in einem mittelständischen Unternehmen. Sie berichtet von einer physischen und psychischen Erschöpfung, die sich in den letzten Monaten rapide entwickelt habe. Nun sei sie an einem Punkt angelangt, wo sie überhaupt nicht mehr abschalten und sich entspannen könne. Ihr Schlaf sei seit Monaten nicht mehr erholsam, morgens fühle sie sich wie gerädert und müsse sich zwingen aufzustehen.

Das kenne sie nicht von sich, sie habe immer gut geschlafen und sei auch gerne in die Arbeit gegangen, habe alles zur Zufriedenheit ihrer Vorgesetzten erledigt. Die Entwicklung bereite ihr Sorgen, dass sie möglicherweise nicht mehr wie früher funktioniere. Insbesondere der körperliche Schwindel, der sich seit Kurzem eingeschlichen habe, mache sie sehr nachdenklich. Er habe sie sogar schon einmal stürzen lassen. Neurologisch wurde alles abgeklärt, es lägen keinerlei Auffälligkeiten vor.

An dieser Stelle sei bemerkt, dass sich der Stress auch auf viele weitere Arten körperlich äußern kann, sehr häufig an Magen, Darm, Lunge oder Herz. Die Psyche sucht sich im Körper individuell den Ort, über den sie sich zum Ausdruck bringen möchte. Somatisch ist dann selbst nach einer langen Odyssee von Facharzt zu Facharzt nichts zu finden, weil die Ursachen psychosomatisch sind.

Auf die Frage, wo sie selbst die Ursachen ihrer zunehmenden Erschöpfung sehe, antwortet sie:

Zuviel Stress in der Arbeit.

Die Frage wie Sie sich aktuell fühle, beantwortet sie mit:

Ich fühle mich schlecht, ich habe keine Energie mehr.

Ähnliche Antworten formulieren Führungskräfte oft, wenn Sie nach ihrem Befinden befragt werden. Wir sind nicht besonders trainiert im Ausdruck und der Darstellung unserer Gefühlswelt. Wir sind Spezialisten in Sachthemen, nicht in Gesundheits- und Gefühlsfragen. Dennoch dürfte jedem auffallen, dass „gut" und „schlecht" keine Gefühle sind.

Um Frau X. den Übergang in ihre Gefühlswelt zu ermöglichen, skizzieren wir im nächsten Schritt das „Fahrzeug mit vier Rädern" am Whiteboard. Sie wählt auf die Frage nach ihren aktuellen Krafträubern den körperlichen und den sozialen Reifen aus:

Mangelnder erholsamer Schlaf/Schwindel/Erschöpfung

Belastungen am Arbeitsplatz

Auf die Frage, was ihr denn den Schlaf erschwere bzw. raube, antwortet sie wie aus der Pistole geschossen:

Weil ich mir die ganze Zeit Gedanken mache und den Kopf zerbreche. Während ich früher schnell eingeschlafen bin, wälze ich mich heute in Gedanken hin und her. Nachts wache ich immer häufiger mit diesen Gedanken auf und frühmorgens sind sie das erste, was mir in den Sinn kommt. Ich finde keine Ruhe mehr.

Ich frage nach, welchen Reifen wir nun als Krafträuber entdeckt haben. Sie antwortet, dass wir jetzt wohl bei der Psyche gelandet seien und dass ihr das so noch gar nicht bewusst war.

Ich frage nach, welche Gedanken ihre Psyche denn derart beschäftigen? Sie sinkt in den Sessel zurück und schluckt, während sich ihre Augen mit Tränen füllen:

Ich komme nicht von der Frage los, warum mich das neue Geschäftsleitungsmitglied aus dem Controlling so unter Druck setzt. Warum vertraut er mir nicht? Die Zusammenarbeit mit dem bisherigen Controller war immer wertschätzend und vertrauensvoll. Ich vermisse das so sehr.

Was aus ihrer Einschätzung im „worst case" daraus entstehen könnte, wenn er ihr nicht vertraut, frage ich nach.

Ich denke ständig darüber nach, ob er unter meinen Kollegen wohl schlecht über mich redet und Stimmung gegen mich macht."

Wohin könnte das im Extremfall führen?

Dass mir die Geschäftsführung möglicherweise kein Vertrauen mehr schenkt und das Unternehmen mich loswerden möchte."

Welches Gefühl erzeugen diese Gedanken bei Ihnen?

Angst, pure Angst, lähmende Angst. Da wird mir ganz schwindelig.

Wir haben einen zweiten Aspekt im Psycho-Reifen identifiziert, ihre Gefühle.
  Wie gehen Sie mit der Angst um, die sich in Ihnen zeigt?

Ich will sie nicht spüren, versuche sie zu verdrängen.

Und wie verhalten sie sich im Außen?

Ich ziehe mich zurück, versuche den Kontakt zu dem Neuen zu vermeiden.

Wir kommen auf die drei Reaktionsmöglichkeiten zu sprechen, die uns in Stresssituationen zur Verfügung stehen:

Angriff, Flucht und Totstellen.

Sie wird sich bewusst, dass sie aktuell mit einer Mischung aus Totstellen und Flucht auf die Situation reagiert und äußert erstaunt:

Verstehe ich gar nicht, ich nehme sonst eigentlich alles in Angriff. Irgendwie beschwindle ich mich da selbst.

Und dann formuliert sie aus der Tiefe ihrer Seele:

So macht das alles keinen Sinn mehr für mich. Das entspricht längst nicht mehr meinen Bedürfnissen und Wertvorstellungen. Manchmal ertappe ich mich bei dem Gedanken, selbst alles hinzuschmeißen und zu kündigen. Aber eigentlich will ich das ja gar nicht.

Ihr wird bewusst, dass vierten Reifen in ihre Betrachtung einbezogen hat, den spirituellen Reifen, der nach Sinn sucht.

In der Begegnung hat sie sich als ganzheitlichen Menschen mit all ihren bio-psycho-sozialen und spirituellen Anteilen wahrgenommen. Aus einem anfänglichen „Meine Arbeit ist so stressig und ich fühle mich schlecht" hat sie folgende Erkenntnis für sich gewinnen und auch spüren können:

Ich habe Gedanken, dass mir meine Kollegen nicht mehr vertrauen könnten. Diese Gedanken machen mich zum einen tieftraurig und erzeugen gleichzeitig eine (schwindelerregende) Angst. Die Angst, die ich unterdrücke, bringt sich dann über körperlichen Schwindel zum Ausdruck. Ich habe ein tiefes Bedürfnis nach einem Arbeitsumfeld, das durch gegenseitiges Vertrauen gekennzeichnet ist. Ich möchte dieses Bedürfnis erfüllt sehen, anders macht es für mich keinen Sinn, dort weiter zu arbeiten. Ich möchte mich nicht weiterhin selbst beschwindeln und meine Werte verraten.

Frau X. ist sich ihrer Krafträuber (kognitiv) bewusst geworden und hat Verbindung mit den Gefühlen aufgenommen, die sie bisher nicht wahrnehmen wollte. Sie hat nach einem vorübergehenden Gefühl der Ohnmacht die Hände nun wieder „am Steuer", um im Bild unseres Fahrzeugs mit vier Rädern zu bleiben.

Burn-out

Die Bezeichnung „Burn-out" hat uns ermöglicht, Erschöpfung und Krankheit überhaupt in unserer Hochleistungsgesellschaft thematisieren zu können, denn diese Form der „Leistungsunfähigkeit" haben wir uns schließlich hart erarbeitet. Burn-out ist gewissermaßen gar keine Schwäche, sondern das Resultat eines unermüdlichen Einsatzes am Arbeitsplatz und somit legitimiert. Andere Ursachen für reduzierte oder vollständige Leistungsunfähigkeit, wie z. B. Angst- oder Panikstörungen, Süchte oder Depression, sind sozial längst nicht so anerkannt.

Dabei ist Burn-out nicht einmal eine Krankheit, zumindest nicht im Sinne des ICD 10 [24]. Das „Ausgebrannt-Sein" findet sich nur unter den Z-Kriterien [25] wieder. Keine Krankenkasse übernimmt Kosten für einen Klinikaufenthalt aufgrund dieser Diagnose. Die meisten Patienten in psychosomatischen Kliniken („Burn-out-Kliniken") haben eine attestierte mittelgradige oder schwere Depression. Doch darüber reden wir aus Scham- und Schuldgefühlen, aus Angst vor Stigmatisierung,

Ausgrenzung oder arbeitsrechtlichen Konsequenzen (noch) nicht.

Im geschützten Rahmen von Coaching und Therapie berichten Führungskräfte auch sehr offen, dass ihre Befindlichkeit längst nicht nur auf „Überarbeitung" zurückzuführen sei. Sehr schnell kommen hinter verschlossenen Türen all die weiteren Krafträuber aus dem bio-psycho-sozialen und spirituellen Bereich zur Sprache. Die Sorgen und Ängste um die pflegebedürftigen Eltern, das schlechte Gewissen, sich nicht ausreichend um sie zu kümmern, die Herausforderungen und die Überforderung mit den pubertierenden Kindern. Dazu gesellen sich die Auseinandersetzungen und Streitigkeiten mit dem Partner, die Kränkungen und alten Wunden aus der Vergangenheit, die Zukunftsängste und nicht zuletzt die Sinnfrage in der „Midlife-Crisis" [26]. Und viele weitere Themen, die primär nichts mit dem Arbeitsplatz zu tun haben.

Die Diagnose „Burn-out" gibt ihnen die Möglichkeit, darüber nicht reden zu müssen. Sie ist ein dankbares „Deckmäntelchen" für alle Pressionen des Lebens, die uns bedrücken, niederdrücken, erdrücken und über die wir aufgrund der Stigmatisierung von „Schwäche" und „Krankheit" noch nicht offen kommunizieren können.

Abschließend noch ein paar Zahlen, Daten und Fakten im Zusammenhang „Führungskräfte und Burn-out" [27]:

Ein Drittel der Führungskräfte sieht sich selbst als stark oder teilweise gefährdet an, insbesondere auf der mittleren Führungsebene.

Ein Viertel schließt das Risiko eines Burn-outs nicht aus.

Ein Drittel wurde von ihrem Umfeld bereits darauf hingewiesen.

Knapp zwei Drittel kennen mindestens einen Fall von Burn-out in ihrem Unternehmen.

41 % halten Burn-out für ein Zeichen von Schwäche und mangelnder Leistungsfähigkeit.

70 % der Führungskräfte lehnen Hilfe ab.

Psychische und psychosomatische Erkrankungen

Als Führungskraft müssen Sie kein Spezialist für psychische und psychosomatische Erkrankungen sein. Gleichzeitig macht es Sinn, dass Sie eine Vorstellung davon haben, was sich hinter diesen Begriffen verbirgt, weil Sie früher oder später damit in Kontakt kommen werden. Direkt oder indirekt. Die Wahrscheinlichkeit, über den Zeitraum eines Jahres von einer psychischen Symptomatik betroffen zu sein, liegt mittlerweile bei 30 %. Beinahe jeder Dritte ist also davon betroffen.

Das häufigste psychische Phänomen, dem ich in Beratung, Coaching und Therapie mit Führungskräften begegne, sind Ängste. Angst, zu versagen, nicht zu genügen, den eigenen Erwartungen oder denen anderer, nicht gerecht zu werden. Angst, nicht wichtig und wertvoll zu sein, aber auch finanzielle und gesundheitliche Zukunftsängste. Bei manchen ist es die Angst, kein sinnvolles Leben zu leben. Und auch hier sind es, ähnlich wie beim Stress, keine Ängste, die kommen und gehen, sondern chronische Ängste, die feststecken und sich nicht mehr „verflüchtigen". Die Ängste türmen sich nicht selten so auf, dass daraus „Panikstörungen" resultieren.

An zweiter Stelle folgen depressive Verstimmungen und Depressionen. Die Übergänge können fließend sein und bedürfen dringend einer umfassenden Anamnese, denn manchmal verbergen sich hinter einer attestierten Depression „nur" gebündelte Pressionen aus den vier Bereichen unseres Lebens, und manchmal werden depressive Verstimmungen diagnostiziert, obwohl sich dahinter eine Depression verbirgt. Ein breites und komplexes Feld, das zwingend ein Zusammenwirken von Spezialisten aus unterschiedlichen Bereichen braucht, um das Leid der Betroffenen zu reduzieren.

Depressive Verstimmungen und Depressionen bedrücken, drücken nieder und erdrücken in unterschiedlicher Gewichtung. Die Betroffenen fühlen sich erschlagen, antriebslos, gelähmt, nicht mehr leistungsfähig, und ziehen sich nicht selten mit Scham- und Schuldgefühlen sozial zurück. Sie haben Schlafstörungen, zweifeln an sich und ihrem Leben, empfinden eine zunehmende Sinnlosigkeit und entwickeln nicht selten Gedanken, dies durch Suizid zu beenden.

Als Führungskraft können Sie den Betroffenen helfen, wenn Sie diese aktiv, empathisch und mutig ansprechen. Wenn Sie Interesse an deren Befinden zeigen und sich kümmern. Wenn Sie Hilfe und Unterstützung anbieten. Diese Hilfe muss nicht durch Sie erfolgen, sie können Ihre Mitarbeiter z. B. auch zum Werksarzt, zum betrieblichen Sozialdienst, zur Suchtberatung, zum Krisendienst, zur Telefonseelsorge oder anderen unterstützenden Angeboten weiterleiten. In keinster Weise helfen Sie den Betroffenen, wenn Sie wegschauen oder eine direkte Ansprache vermeiden.

Deshalb beantworte ich die Frage von Führungskräften, ob sie denn im Umgang mit psychisch Erkrankten etwas falsch machen könnten, auch meist mit:

Ja, wenn Sie nichts machen. So kommen Sie zum einen Ihrer Fürsorgepflicht nicht nach, und an der Situation der Betroffenen ändert sich auch nichts.

Vielen Betroffenen könnte jedoch sehr gut geholfen werden, wenn frühzeitig professionelle Hilfe in Anspruch genommen würde, in der Ressourcen gestärkt und Lösungsansätze erarbeitet werden. Wenn über die Erkrankung gesprochen werden kann, ohne Tabuisierung und Stigmatisierung. Wenn kein sozialer Rückzug stattfindet, aus Resignation, Hoffnungslosigkeit, Schuld und Scham.

Doch davon sind wir noch ein ganzes Stück entfernt. Sowohl was den Umgang mit den Betroffenen in den Unternehmen anbelangt, als auch was die zeitnahe, kompetente und auf den jeweiligen Betroffenen maßgeschneiderte Unterstützung betrifft. Und allzu schnell werden in der medizinischen Versorgung Antidepressiva nach dem Gießkannenprinzip verordnet, um die Pressionen erträglicher zu gestalten.

Nein, das soll keine Pauschalkritik an der Pharmaindustrie darstellen. Psychopharmaka haben vielen Menschen das Leben gerettet und werden dies auch zukünftig tun. Es geht darum, dass die Verschreibung von Psychopharmaka aus meiner persönlichen Erfahrung zu wenig auf den Einzelfall abgestimmt ist. Nicht wenige Betroffene kommen mit den verschriebenen Medikamenten in die Praxis und fragen:

Muss ich das wirklich nehmen? Was macht das mit mir?

Mindestanforderung wäre hier, dass die verschreibenden Ärzte sich die Zeit nehmen, auf die Fragen der Betroffenen einzugehen. Doch dafür scheint in unserer Gesundheits*wirtschaft,* die ihren Investoren zweistellige Renditen erwirtschaften soll, mittlerweile keine Zeit mehr zu sein [28].

An dritter Stelle stehen die psychosomatisch Erkrankten, die nach einer Odyssee von Facharzt zu Facharzt meist mit folgender Aussage zu mir kommen:

Ich bin am Verzweifeln, die Ärzte können nichts Körperliches, Alle sagen, dass die Ursachen wohl eher psychischer Natur seien. Ich bin doch nicht verrückt, was soll ich denn jetzt tun.

Was verbirgt sich hinter diesen psychosomatischen Erscheinungen?

Stark vereinfacht kann man sagen, dass sich bei psychosomatischen Phänomenen die Psyche über den Körper zum Ausdruck bringt.

Die Psyche spricht sozusagen zum Körper:

Sag´ du es ihm, auf mich will er nicht hören!

Lebenserfahrungen bis hin zu Traumata, Gedanken, Glaubenssätze und Gefühle, denen wir noch nicht die entsprechende Aufmerksamkeit schenken, sie bewusst oder unbewusst verdrängen, offenbaren sich über den Körper. Wir haben ja bereits festgestellt, dass der Körper die Bühne für alle Bereiche unseres bio-psycho-sozialen und spirituellen Wesens darstellt. Eine psychosomatische „Erkrankung" ist eine wertvolle Botschaft aus unserem „Psycho-Reifen".

Durch eine Vielzahl an Studien ist heute bekannt, dass unsere Psyche mit anderen Teilen unseres Organismus verbunden ist, z. B. mit dem Immunsystem oder auch dem Herzen. Wut, Ärger, Trauer und Verzweiflung wirken über diese Verbindung unmittelbar auf unser Herz ein. Die Redewendung „Das Herz ist der Sitz der Seele" ist weit mehr als eine leere Phrase, das hat die Psychokardiologie eindeutig nachgewiesen, in der das Wissen aus Psychologie, Psychotherapie, Kardiologie, Herzchirurgie, Neurobiologie, Sozialwissenschaften und anderen Fachbereichen zusammenfließt. Sie stellt klar und deutlich fest:

Das Herz ist ein psychosomatisches Organ [29].

Und auch unser Immunsystem arbeitet nicht ohne Beteiligung unserer Psyche:

Das Zusammenspiel von Psyche und Immunsystem kann man als eine der revolutionärsten medizinischen Einsichten der letzten Jahrzehnte beschreiben [30].

Körper, Geist und Seele stellen eine untrennbare Einheit dar. Diese integrale Betrachtungsweise haben wir jedoch verloren, sie *fehlt* uns. Wir dürfen den Menschen wieder in ihrer Ganzheit wahrnehmen und begegnen, um ganz und gesund zu werden.

Psychische Gefährdungsbeurteilung

Seit Ende 2013 fordert das Arbeitsschutzgesetz, dass auch psychische Belastungen in der Gefährdungsbeurteilung erfasst werden.

Wir wissen aus unserer bisherigen Betrachtung „ganzheitlicher Gesundheit" mittlerweile, dass die bio-psycho-sozialen und spirituellen Aspekte der Gesundheit äußerst komplex interagieren und „eigentlich" gar nicht zu trennen sind. Gesundheit wird immer durch alle Anteile gleichzeitig beeinflusst. Es gibt keine separate biologische, psychische, soziale oder spirituelle Gesundheit.

Die „psychische Gefährdungsbeurteilung", die nun die „biologische Gefährdungsbeurteilung" ergänzt, sollte diese künstliche Trennung und Reduzierung aufheben und alle Aspekte eines gesunden und resilienten Lebens einbeziehen.

Betrachten wir dazu, welche Faktoren aktuell als Gefährdung für die psychische Gesundheit angesehen werden. Die DGUV nennt folgende vier Kategorien, die bei einer Gefährdungsbeurteilung psychischer Belastungen betrachtet werden sollten:

• Arbeitsorganisation
• Arbeitsinhalt

- Arbeitsmittel und -umgebung
- Soziale Beziehungen

In der Informationsbroschüre *Psychische Arbeitsbelastung und Gesundheit der DGUV* [11] werden sechs vorrangige Belastungsfaktoren zusammengefasst:

- Zu hohe Arbeitsintensität
- Lange Arbeitszeiten, viele Überstunden, ungünstig gestaltete Schichtarbeit
- Hohe Arbeitsplatzunsicherheit
- Zu wenig Handlungsspielraum
- Destruktiver Führungsstil
- Fehlende oder geringe soziale Unterstützung und Mobbing/Bullying [12]

Vergleichen wir die Inhalte mit unserem Wissen integraler Gesundheit, so lässt sich Folgendes feststellen:

Unter der Überschrift „Psychische Gefährdungs-beurteilung" wird der soziale Gesundheitsaspekt und das soziale Gefährdungspotenzial bereits integriert. Explizit wird der Resilienzfaktor „soziale Unterstützung" auf-geführt, und gesundheitsschädigende Verhaltensweisen, wie Mobbing und Bullying genannt. Die Gefährdungs-beurteilung ist demnach keine rein psychische, sie ist eine psycho-soziale. In Kombination mit der bisherigen Gefährdungsbeurteilung erhebt sie also bereits bio- und psychosoziale Aspekte.

Was noch nicht integriert wurde, ist die Berück-sichtigung des gesunderhaltenden spirituellen Aspekts. Fehlende Werte und fehlendes Sinnempfinden sind ein Gefährdungspotenzial im Arbeitsleben. Zur Abrundung sollte dies auf jeden Fall mit berücksichtigt werden bei der Erhebung. Eine umfängliche, alle potenziell pathogen wirkenden Faktoren umfassende, Gefährdungsbeurteilung braucht zwingend die Ergänzung um „Spiritualität". Nur so lassen sich Gesundheit, Resilienz und Wohlbefinden dauerhaft bewahren bzw. stärken.

Die Umsetzung einer alle Faktoren umfassenden Gefährdungsbeurteilung gelingt aus meiner Sicht am besten anhand von Workshops mit den Mitarbeitern. Diese setzen zwar eine gewisse „Vertrauenskultur" voraus, über die am Arbeitsplatz erlebten bio-psycho-sozialen und spirituellen Gefährdungspotenziale zu kommunizieren, führen aber sehr schnell zur Identifikation der Kernthemen. Zur Unterstützung dieses Prozesses eignet sich hervorragend die höchst effektive Moderations-Methode „Dynamic Facilitation" [13]. Sie macht in kurzer Zeit die Herausforderungen und die Lösungsmöglichkeiten transparent.

Wir haben gesehen, dass viele Unternehmen sich noch sehr schwer tun mit der Umsetzung der „psychischen Gefährdungsbeurteilung". Für Sie als Führungskraft dürfte dabei ein Aspekt von Interesse sein, der dabei beachtet wird. Wie wird die Gefährdungsbeurteilung eigentlich bezüglich des Arbeitsplatzes der Führungskräfte durchgeführt? Diese sind durch die Verantwortung, die sie zu tragen haben, sowie ihre „Sandwich-Position" häufig besonderen Belastungen ausgesetzt.

Umsetzungsgrad der psychischen Gefährdungsbeurteilung bei Führungskräften
Verschiedene Befragungen und Expertisen weisen darauf hin, dass gerade Führungskräfte vielfach unter psychisch ungünstig gestalteten Bedingungen arbeiten. Deshalb wurde unter anderem untersucht, inwieweit deren Arbeitsplätze einer psychischen Gefährdungsbeurteilung unterzogen wurden. Die Ergebnisse zeigen, dass selbst in denjenigen Betrieben, die die Gefährdungsbeurteilung schon relativ weit ungesetzt hatten, die psychische Belastung der Führungskräfte in weniger als 30 % der Fälle

thematisiert wird. Betrachtet man zu diesem Aspekt die Gesamtstichprobe, d. h. einschließlich derjenigen Betriebe, die erst „erste Schritte" für eine Gefährdungsbeurteilung unternommen haben, sinkt dieser Wert von 27,9 % auf 16,6 %. Es ist also davon auszugehen, Problematik der psychischen Belastung von Führungskräften faktisch in der betrieblichen Wahrnehmung kaum eine Rolle spielt.

Die Verfasser kommen zu dem Schluss:

Vor dem Hintergrund der Tatsache, dass den Führungskräften eine wesentliche Rolle bei der gesundheitsgerechten Gestaltung der Arbeit beigemessen wird, sollte diese Thematik in Zukunft explizit aufgegriffen werden. Denn die Führungskräfte haben nicht nur eine zentrale Funktion für die Lösung der Probleme, sondern sie selbst sind häufig auch stark belastet.

Sie haben im bisherigen Verlauf grundlegendes Gesundheitswissen für Ihre Führungsaufgabe erworben. Sie wissen nun bereits, was ein gesundes Leben und Zusammenleben braucht. Sie kennen Ihr Fahrzeug mit vier Rädern und die wesentlichen Resilienzfaktoren. Darüber hinaus haben Sie einiges über Stress, Burn-out, psychosomatische Erkrankungen und die psychische Gefährdungsbeurteilung erfahren.

Jetzt geht es ans Steuer, im ersten Schritt auf den Verkehrsübungsplatz. Sie setzen die Theorie für sich selbst in die Praxis um und werden aktiv. Aus dem Kennen wird durch Übung ein Können, erst einmal ohne Beteiligung anderer Verkehrsteilnehmer. Gesunde Führung braucht als Basis eine gesunde Selbstführung. Machen Sie sich mit Ihrem Fahrzeug vertraut, freunden Sie sich mit ihm an, absolvieren Sie Ihren persönlichen Resilienz-Führerschein, bevor Sie sich im Anschluss in die Turbulenzen des Feierabend-Verkehrs begeben.

Wer sich selbst nicht gesund führen kann, kann auch niemand anderen gesund führen [18] *(Danah Zohar).*

3.4 Mein persönlicher Resilienz-Führerschein

Gehen Sie nun in die Selbstreflexion und Innenschau. Erstellen Sie Ihr persönliches Ressourcen- und Belastungsinventar. Überprüfen Sie den Luftdruck in Ihren vier Reifen.

Wo befinde ich mich selbst hinsichtlich der resilienzstärkenden „4S", Selbstvertrauen, Selbstmitgefühl, Sinn und soziale Unterstützung? Finden Sie Ihre eigenen Antworten auf die nachfolgenden Fragen: Selbstverantwortung steht nun im Mittelpunkt. Denn wie schreibt Wilhelm Schmid in seinem Buch „Mit sich selbst befreundet sein":

Nur wer ein gefestigtes Selbst entwickelt hat, kann sich auch zu anderen hin öffnen und ein Wir herstellen [31].

Und genau das werden Sie als Führungskraft brauchen, ein gefestigtes Selbst, dem Sie selbst vertrauen können. Nehmen Sie sich Zeit für Ihren Resilienz-Führerschein. Erledigen Sie ihn nicht im „Vorbeifahren". Ein Kundendienst an Ihrem Firmenwagen benötigt auch Stillstand. Entwickeln Sie Selbst*bewusstsein* und Selbst*mitgefühl*:

Erkennen Sie sich selbst und spüren Sie sich.

Es ist wichtig, das Erkannte durch Gefühle zu ergänzen. Dann wird es ganz, rund, heil, gesund.

Es kann durchaus sein, dass Sie einige Fragen beim Absolvieren Ihres Resilienz-Führerscheins emotional „triggern". Es wäre erstaunlich, wenn dem nicht so ist.

Die Fragen bringen Sie mit Ihrer Gefühlswelt in Verbindung. Das ist ein wesentlicher Schritt auf Ihrem Weg zu einer resilienten Führungskraft. Wer sich selbst nicht fühlen kann, für den stellt es eine beinahe unüberwindbare Hürde dar, andere zu spüren und diesen empathisch und mitfühlend zu begegnen. Auf diese Kompetenz werden Sie im Führungsprozess angewiesen sein.

Wie wir in unserem Fallbeispiel mit Frau X bereits gesehen haben, antworten viele Menschen auf die Frage wie sie sich fühlen, mit „gut" oder „schlecht". Es gibt jedoch keine guten und schlechten Gefühle. Jedes Gefühl ist sinnvoll und notwendig. Um in unserem Fahrzeug-Bild zu bleiben:

Würden Sie dem roten Warnlämpchen in Ihrem Firmenwagen auch sagen, dass es schlecht ist, wenn es leuchtet? Wohl kaum.

Gefühle sind Hinweisgeber, sie sind unsere „Freunde", und wenn sich etwas nicht „gut" anfühlt – welches Gefühl sich auch immer dahinter verbergen mag –, dann ist das ein freundschaftlicher Impuls, etwas wahrzunehmen oder zu verändern. Einen Veränderungsprozess zu starten, hin zu einem Befinden, das sich „besser" anfühlt. Doch was das speziell für Sie persönlich bedeutet, das können nur Sie selbst herausfinden. Da gibt es kein Pauschalrezept.

Gehen Sie mit den nachfolgenden Fragen in die Selbstreflexion und Selbstver*antwort*ung:

Mein Bio-Reifen:

Ernähre ich mich gesund?

   Führe ich mir Gifte zu?

   Bewege ich mich ausreichend?

Bewege ich mich extrem?

Schlafe ich ausreichend und erholsam?

Habe ich körperliche Schmerzen?

Lässt sich eine körperliche Ursache finden oder kommt psycho-sozialer und spiritueller Schmerz über den Körper zum Ausdruck?

Habe ich ausreichend Entspannungs- und Erholungsphasen?

Wie entspanne ich am besten?

Fühle ich mich medizinisch ganzheitlich betreut? Habe ich einen Arzt meines Vertrauens?

Betrachte ich meinen Körper „materialistisch"?

Was könnte ich meinem Körper ab morgen Gutes tun?

Stimuliere oder sediere ich meinen Körper mit Substanzen?

Habe ich körperliche Abhängigkeiten?

Mein Sozio-Reifen:

Wie wir gesehen haben, wird unser Sozio-Reifen durch die Erfahrungen aus unseren Sozialkontakten befüllt. Sowohl aus vergangenen als auch aktuellen. Um ihn resilienter zu machen, dürfen wir unsere ursprünglichen und aktuellen sozialen Kontakte betrachten und auf den Prüfstand stellen. Dabei kann uns unter anderem Biografiearbeit behilflich sein. Dabei können alte Kränkungen und Wunden zum Vorschein kommen und vorübergehend ein psychologischer Muskelkater eintreten. Doch ist das Erkennen der Prägungen aus der Vergangenheit für Sie als Führungskraft von entscheidender Bedeutung, denn sie „steuern" vielfach den Umgang mit Ihren Mitarbeitern.

Folgende Fragen können Ihnen helfen, den Zustand Ihres sozialen Reifens zu überprüfen:

Wie habe ich den Kontakt in meiner Ursprungsfamilie erlebt? Als sozial unterstützend, vertrauensvoll, sicher, geborgen, warm, herzlich, verständnisvoll, harmonisch? Oder anders?

Welche Gedanken und Glaubenssätze habe ich aus den ursprünglichen Kontakten entwickelt?

Welche Gefühle sind mit diesen Erfahrungen verknüpft? Spüre ich diese Gefühle?

Welche Strategien und Verhaltensweisen habe ich aus den Erfahrungen entwickelt? (Angriff, Flucht oder Totstellen?)

Wie erlebe ich heute den Kontakt mit meiner Ursprungsfamilie, meinen Eltern und Geschwistern.

Die gleichen Fragen können Sie auf jeden heutigen Sozialkontakt anwenden, ihre aktuelle Partnerschaft oder Familie, ihre beruflichen Kontakte, ihre Freunde.

Nehme ich alle meine sozialen Kontakte auf die gleiche Art und Weise wahr?

Kann ich vertrauen?

Welche Art von Sozialkontakt bin ich für andere?

Mein Psycho-Reifen
Unser Wohlbefinden (Gesundheit) wird durch unsere Psyche beeinflusst. Durch unsere Gedanken, Glaubenssätze und Gefühle. Wir brauchen Zugang zu unserer Innenwelt. Doch vieles von unserem Innenleben ist uns entweder noch nicht bewusst oder wir wollen es nicht wahrnehmen und spüren, verdrängen es.

Wollen wir uns nicht mit unserer Psyche befassen, dann bahnt sie sich irgendwann ihren Weg über den Körper und bringt sich psychosomatisch zum Ausdruck.

Unbearbeitete Kränkungen aus der Vergangenheit machen uns im Heute krank.

Und auch hier wird die komplexe Interaktion wieder sichtbar. Unser heutiges Denken und Fühlen ist stark durch die sozialen Erfahrungen aus der Vergangenheit geprägt.

Sie können sich Ihren Psycho-Reifen bewusster machen, indem Sie folgende Fragen stellen:

Wie denke ich über mich? Eher positiv, eher negativ?

Bin ich wertvoll und wichtig?

Ist mein Wert abhängig davon, dass ich etwas leiste oder „funktioniere"?

Welche Glaubenssätze habe ich? (Glaubenssätze beginnen meist mit einem: Ich muss …)

Was mögen Sie an sich? Was nicht?

Haben Sie einen inneren Kritiker oder Zweifler? Was sagt er Ihnen?

Zu welchen Gefühlen haben Sie Zugang?

Wo spüren Sie diese Gefühle im Körper?

Gibt es Gefühle, die Sie auf keinen Fall spüren wollen?

Sollte/durfte ich als Kind bestimmte Gefühle nicht zum Ausdruck bringen?

Wie verhalten Sie sich, wenn diese Gefühle spürbar werden?

Wie nehme ich das Leben wahr? Als Geschenk, als Kampf?

Denke und fühle ich (noch) aus einer „Opferrolle"?

Mein Sinn-Reifen

Ihren spirituellen Reifen können Sie sowohl durch weltliche als auch metaphysische Aspekte befüllen. Ein Mensch zieht aus seinem (religiösen) Glauben Kraft und Lebensfreude, ein anderer aus der Umsetzung seiner Werte in irdische, als sinnhaft empfundene Aktivitäten.

Im Sinnreifen befinden sich auch unsere Bedürfnisse, Ziele und Träume. In ihm liegt gewissermaßen so etwas wie die „Berufung" eines Menschen, das was ihn im wahrsten Sinne des Wortes geGEISTert.

Schneiden Sie sich nicht ab von dieser wunderbaren Energiequelle. Sie gehört zu unserem Leben. Eine Reduzierung unseres Fahrzeugs auf drei Räder gelingt für eine geraume Zeit, dauerhaft brauchen wir das vierte Rad am Wagen, um nicht ins Schlingern zu kommen. Wenn die Begeisterung abhandenkommt, das eigene Wertegerüst nicht gelebt werden kann oder die Sinnhaftigkeit verloren geht, fehlt etwas Entscheidendes in unserem Leben. Es gibt eine Phase in unserem Leben, die leider etwas despektierlich als Midlife-Crisis bezeichnet wird. In dieser Zeit geraten wir nicht selten in eine Sinnkrise. Dann drängt sich die Frage, ob das Leben, das wir leben, wirklich Sinn macht, mit einer Vehemenz, die kein Entkommen erlaubt. Leben wir unsere Bedürfnisse, Werte, Sehnsüchte und Träume, unser SELBST? Oder leben wir unsere Erziehung, unsere „Normierung" und unsere Prägungen?

Nehmen Sie sich als Führungskraft deshalb auch immer wieder Zeit für Ihren spirituellen Reifen und beantworten Sie sich folgende Fragen:

Was ist mein WHY, mein Wofür im Leben?

Was ergibt Sinn für mich?

Was löst Begeisterung in mir aus?

Was sind meine Bedürfnisse?

Welche Werte sind mir wichtig?

Habe ich das Gefühl, meine Werte leben zu können?

„Verrate" ich meine Werte an mancher Stelle?

Wovon träume ich?

Wonach sehne ich mich?

Woran glaube ich?

Was ist meine „Berufung"?

Was bedeutet Tod für mich?

Mein persönliches Resilienz-Resümee

In einer Zeit rapide zunehmender Erschöpfung „boomt" Resilienz gerade sehr stark.

Knapp drei Millionen Einträge zum Thema bei Google sprechen eine eigene Sprache. Dort werden die Resilienten mit Stehaufmännchen, Teflon-Pfannen, Bambus, Felsen in der Brandung, Navy Seals und einer Vielzahl anderer Vergleiche bildlich dargestellt. Und auch ich habe Ihnen als Arbeitsmodell für das „Immunsystem der Seele" ein Fahrzeug mit vier Rädern nahegelegt.

Bei all diesen Versuchen, unserem Verstand „Futter zu geben", sollten wir jedoch nicht vergessen, dass es letztendlich der Mensch ist, um den es geht, und Menschen lassen sich weder in Arbeitsmodelle pressen und erfassen und ganz sicher sind sie keine Stehaufmännchen und Unverwundbare.

Der Begriff der Resilienz ist aus meiner persönlichen Einschätzung – und ich befasse mich nun seit einem Vierteljahrhundert mit dem Thema – nur schwer auf unser Menschsein übertragbar. Er stammt ursprünglich aus der Physik, wo ein Gegenstand nach der Verformung in seinen Ursprungszustand zurückkehrt. Als Verbildlichung dient dabei oft ein Schwamm, der in der Hand zusammengedrückt, nach Zurücknahme des (Hände-) Drucks wieder in seine Ausgangsform übergeht. Dieses Zurückkehren in den Ausgangszustand sehen wir auch beim Vergleich mit dem Stehaufmännchen, dem Spielzeug, das nach einem Impuls hin und her schaukelt und automatisch seine ursprüngliche Position wiederfindet.

Dies mögen Bilder eine Veranschaulichung für unseren Verstand sein, genau wie das Fahrzeugmodell, doch werden sie dem Menschen nicht gerecht. Wir sind Lebewesen aus Fleisch und Blut, keine unbelebten, unbeseelten Gegenstände. Ein Mensch kehrt niemals in seinen Ursprungszustand zurück, er sammelt Erfahrungen, lernt dazu, entwickelt sich weiter. Dieser Prozess kommt wunderbar in dem Zitat von Heraklit zum Ausdruck, dass kein Mensch zweimal in den gleichen Fluss steigen kann. Denn alles ist im Fluss, *panta rhei*.

Eine stimmigere, auf den Menschen anwendbare Bezeichnung habe ich jedoch noch nicht entdecken können. Bei Hartmut Rosa habe ich den Begriff der Resonanz gefunden. Resonanz kommt dem menschlichen Sein nach meinem Gefühl wesentlich näher als die „physikalische" Resilienz.

Vielleicht weist uns diese Schwierigkeit aber auch auf ein Phänomen hin, das in unserer (Unternehmens-)Kultur noch allzu verbreitet ist, unsere vorrangig materialistische Sichtweise.

Vielleicht verdeutlicht es, dass wir den Menschen allgemein – und speziell im Arbeitskontext – noch zu sehr biologisch, physikalisch betrachten, eher als Arbeitsmaterial, Produktionsfaktor und humane Ressource, vielleicht sogar „minderwertiger"? Wie sonst ließe sich erklären, dass wir unsere Produktionsmaschinen turnusmäßig warten, ihnen Ruhezeiten gönnen, den Menschen jedoch ohne Unterlass beanspruchen?

Neben der Schwierigkeit, den Begriff der Resilienz auf Menschen zu übertragen, ist mir die Reduzierung der Resilienz auf den Bereich *psychischer* Gesundheit aufgefallen. Je tiefer ich eingetaucht bin, umso mehr wurde deutlich, dass Resilienz keineswegs nur psychische Widerstandsfähigkeit bedeutet.

Wenn Resilienz mit Selbstvertrauen, Sinn, sozialer Unterstützung und Selbstmitgefühl korreliert, dann umfasst dies eindeutig bereits den Sozio-Reifen (soziale Unterstützung) und den spirituellen Reifen (Sinn). Resilienz hat ganz eindeutig mehr mit integraler, ganzheitlicher Gesundheit zu tun als ausschließlich mit psychischer Widerstandsfähigkeit.

Ein weiterer Aspekt, der erst bei näherer Betrachtung ins Auge fällt, ist, dass Resilienz sich keinesfalls nur auf Widerstand beschränkt. Resilienz umfasst gleichermaßen den Nichtwiderstand, der in der *Akzeptanz* (siehe sieben Säulen der Resilienz) zum Ausdruck kommt. Der Fähigkeit zu akzeptieren, anzunehmen und eben keinen Widerstand zu leisten. Resilienz ist Akzeptanz und Widerstand, Stabilität und Flexibilität gleichermaßen, Weichheit und Härte, Yin und Yang in einem. Ein „Sowohl-als-auch", kein „Entweder-oder". Ein bedeutsamer Aspekt in einer Zeit, in der Menschen hauptsächlich nach ihrer Leistungsfähigkeit beurteilt werden. Resilienz umfasst auch die Phasen der „Nichtleistungsfähigkeit" und vielleicht sind es sogar genau diese Phasen in unserem Leben, die uns gestärkt ins Leben zurückkehren lassen, wenn wir sie durchlebt und „überlebt" haben.

Abschließend möchte ich auf ein Missverständnis im Zusammenhang mit Resilienz hinweisen. Es erscheint mir wichtig, es anzusprechen, weil ich in meiner Rolle als Berater, Coach und Therapeut immer wieder mit folgender Bitte konfrontiert werde:

Zeigen Sie mir bitte Methoden oder Techniken wie ich resilienter werden kann.

Machen Sie bitte meine Mitarbeiter resilienter.

Resilienztraining hat nur sehr wenig mit Methoden oder Techniken zu tun. Die eigene Resilienz zu stärken, braucht die Innenschau und die Selbstreflexion. Wir haben gesehen, dass Resilienz mit Selbstvertrauen verknüpft ist. Das bedeutet, dass wir uns auf den Weg begeben dürfen, dieses Selbst zu erkunden. Der Weg in die Resilienz führt unvermeidlich über unser Innenleben, die Innenschau, nicht über äußere Methoden und Techniken. Natürlich können diese in den Prozess als flankierende, unterstützende Maßnahmen einfließen, jedoch nicht vorrangig.

Auf dem Weg zu resilienter Selbstführung gibt es keine Abkürzungen. Wer sich selbst erkennen und mit seinem Selbst vertraut werden will, der darf eintauchen in seine Prägungen, Kränkungen und Verwundungen, seine Traumata und „blinde Flecken" [32], seine unversorgten „inneren Kinder" [33] und „Schatten" [34], wie C.G. Jung es formuliert hat. Er darf sich seiner Gedanken, Glaubenssätze und Gefühle, seiner Werte, Bedürfnisse und seiner Motivation bewusst werden. Er darf sein soziales Umfeld, seine Ursprungsfamilie, seine heutige Partnerschaft oder Familie, seine privaten und beruflichen Sozialkontakte auf erlebte soziale Unterstützung „durchleuchten". Wo sind meine Krafträuber und Kraftspender? Aus dem Bewusstsein um all dies erwächst Selbstbewusstsein, aus dem der mitfühlenden Integration aller Aspekte unseres Daseins Selbstmitgefühl.

Resilienz ist keine Wunderwaffe, kein Allheilmittel. Resilienz ist bio-psycho-soziales und spirituelles Bewusstsein. Selbstbewusstsein, Selbstvertrauen, Selbstmitgefühl, Selbstfreundschaft, Selbstliebe. Mensch(lich)sein, empfindsam sein für sich selbst, andere. Eine Haltung zum Leben.

Wir brauchen keine Teflonschicht oder Invulnerabilität, unsere Verwundbarkeit macht Sinn. Wenn unsere Hand bei der Annäherung an eine heiße Herdplatte Schmerz empfindet, dann ist das eine natürliche und extrem sinnvolle Reaktion. Und wenn wir Schmerz an unserem Arbeitsplatz oder im Zusammenleben mit unserem Partner empfinden, ist auch das ein freundschaftlicher Hinweis, achtsam zu sein.

Gefühle sind Seismografen, meist mit einer inhärenten Fragestellung:

Love it – change it – leave it?

Psychischem Schmerz ausschließlich mit psychischer Widerstandsfähigkeit begegnen zu wollen und komplett „schmerzunempfindlich" zu werden, wäre nicht im Sinne der Natur. Deshalb sollte Resilienztraining auch nicht missbraucht werden, um den Schmerz „kranker Verhältnisse" erträglicher zu machen. Es gibt immer wieder Anfragen von Arbeitgebern, bei denen zwischen den Zeilen zu hören ist:

Machen Sie unsere Mitarbeiter resilienter, damit sie den (übermäßigen) Druck, den ich auf sie ausübe, besser ertragen können.

Ich lehne solche Aufträge ab. Sie erinnern mich an die Zeiten, als Unternehmen angefragt haben, ob ich Ihnen Fragebögen zur Einschätzung des Burn-out-Risikos potenzieller Kandidaten zur Verfügung stellen könne. Auf die Frage nach den Motiven stellte sich dann heraus, dass man auf der Suche nach Kandidaten war, die eine hohe Veranlagung haben, sich zu verausgaben. Es gibt nichts, was es nicht gibt.

Ehrliches, authentisches Resilienztraining ist an der Gesundheit und am Wohlbefinden der Menschen interessiert. Es stellt diesen in den Mittelpunkt, macht ihn bewusster, selbstvertrauter, stärker, autonomer, eigenverantwortlicher. Derartige Trainings sind durchaus mit „Risiken und Nebenwirkungen" verbunden. Bei nicht ausreichend vorhandener Konflikt- und Veränderungsbereitschaft des Unternehmens kann es durchaus vorkommen, dass die selbstvertrauten Mitarbeiter im Anschluss die – als toxisch erlebten – Verhältnisse verlassen.

Wenn ihnen kein *love it* oder *change it* mehr möglich ist, bleibt ihnen nur noch das *leave it.* Je resilienter Menschen sind, desto eher werden sie die Entschlossenheit, die Kraft und den Mut dazu aufbringen, ihren eigenen Weg zu gehen. Den Weg, der ihre Gesundheit stärkt.

Begeben wir uns im nächsten Abschnitt des Buches in den Bereich resilienter Führung. Sie wissen nun aus eigener Erfahrung, was gesunde Selbstführung braucht, doch wie lässt sich diese in den Unternehmenskontext übertragen?

Literatur

1. Bundesverband Deutscher Stiftungen: Stiftungsreport. (2014). Gesundheit fördern, S. 9.
2. Hafen, M. (2014). *Mythologie der Gesundheit: Zur Integration von Salutogenese und Pathogenese* (S. 16). Heidelberg: Carl-Auer Verlag.
3. https://www.aerzteblatt.de/archiv/209251/Aaron-Antonovsky-Vater-der-Salutogenese. Zugegriffen: 11. Febr. 2020.
4. https://www.dieinitiative.de/glossar-begriff/kohaerenzgefuehl-sense-of-coherence/. Zugegriffen: 27. Jan. 2020.
5. Seligman, M. (2010). *Erlernte Hilflosigkeit*. Beltz, Weinheim.
6. https://logotherapie.de/was-ist-und-wem-hilft-logotherapie.html. Zugegriffen: 03. Nov. 2019.
7. https://www.faz.net/aktuell/feuilleton/buecher/rezension-sachbuch-hinweis-11323629.html. Zugegriffen: 15. März. 2020.
8. Werner, E., & Smith, R. (2001). *Journeys from Childhood to Midlife: Risk, Resilience and Recovery*. Cornell University Press.
9. https://www.pinterest.de/pin/769411917560642384/. Zugegriffen: 27. März. 2020.
10. https://www.joachim-galuska.de/. Zugegriffen: 15. Nov. 2019.
11. https://www.asu-arbeitsmedizin.com/originalia/12-phasen-burnout-screening. Zugegriffen: 30. Juli. 2020.
12. https://self-compassion.org/. Zugegriffen: 03. Juni. 2020.
13. Schubert, C. (2018). *Psychoneuroimmunologie und Psychotherapie*. Stuttgart: Schattauer.

14. Brisch, K. H. (2018). *Säuglings- und Kleinkindalter – Bindungspsychotherapie*. Stuttgart: Klett-Cotta.
15. Haller, R. (2017). *Die Macht der Kränkung* (S. 11). Salzburg: Ecowin Verlag.
16. Bauer, J. (2013). *Das Gedächtnis des Körpers – Wie Beziehungen und Lebensstile unsere Gene steuern* (S. 7). Berlin: Piper.
17. Wielens, H. (2013). *Führen mit Herz und Verstand; Zitat von Fred Kofman* (S. 209). Bielefeld: Kamphausen Media.
18. Zohar D. (2010). *IQ?EQ?SQ! – Spirituelle Intelligenz: Das unentdeckte Potenzial* (S. 18). Bielefeld: Kamphausen Media.
19. Vogelsang, G., & Burger, C. (2004). *Werte schaffen Wert* (S. 47). Berlin: Econ.
20. https://www.dguv.de/medien/inhalt/praevention/themen_a_z/psychisch/iag_report.pdf.
21. Selye, H. (1988). *Streß: Bewältigung und Lebensgewinn*. Berlin: Piper.
22. Willmann, U. (2016). *Stress-Ein Lebensmittel* (S. 9). München: Pattloch.
23. Gruber, K.-A. (2014). *Das Konzept der Attributionstheorien und die Auswirkungen auf das menschliche Leben und Verhalten*. München: GRIN Verlag.
24. WHO (2019). *Taschenführer zur ICD-10-Klassifikation psychischer Störungen*. Göttingen: Hogrefe.
25. https://www.aerzteblatt.de/archiv/134109/Psychische-Gesundheit-Gesundes-Leiden-die-Z-Diagnosen. Zugegriffen: 19. Jan. 2020.
26. Setiya, K. (2017). *Midlife: A Philosophical Guide*. Princeton University Press.
27. https://www.personalwirtschaft.de/fuehrung/artikel/burnout-bei-managern-gilt-vor-allem-als-schwaeche.html. Zugegriffen: 03. Mai. 2020.
28. https://www.aerzteblatt.de/nachrichten/91746/Patienten-bemaengeln-dass-Aerzte-sich-zu-wenig-Zeit-nehmen. Zugegriffen: 24.Apr. 2020.

29. https://www.aerzteblatt.de/archiv/209255/Psychokardiologie-Das-Herz-als-Projektionsort-psychischer-Konflikte. Zugegriffen: 13. Febr. 2020.

30. Schubert, C. (2019). *Was uns krank macht – was uns heilt: Aufbruch in eine neue Medizin* (S. 10). Mattighofen: Korrektur Verlag.

31. Schmid, W. (2004). *Mit sich selbst befreundet sein* (S. 15). Berlin: Suhrkamp Verlag.

32. Frey U. (2007). *Der blinde Fleck, Kognitive Fehler in der Wissenschaft und ihre evolutionsbiologischen Grundlagen.* Berlin: De Gruyter Verlag.

33. Stahl, S. (2015). *Das Kind in dir muss Heimat finden.* München: Kailash-Verlag.

34. Jung, C.-G. (1999). *Über Gefühle und den Schatten.* Düsseldorf: Patmos.

35. https://www.gda-psyche.de/SharedDocs/Publikationen/DE/psychische-arbeitsbelastung-und-gesundheit.pdf?__blob=publicationFile&v=4. Zugegriffen: 18. März. 2020.

36. Zubizarreta, R. (2019). *Dynamic Facilitation: Die erfolgreiche Moderationsmethode für schwierige und verfahrene Situationen.* Weinheim: Beltz.

37. https://www.gda-portal.de/DE/Downloads/pdf/Abschlussbericht-AP-Psyche.pdf?%5F%5Fblob=publicationFile%26v%3D2, S. 36. Zugegriffen: 09. März. 2020).

4

Resiliente Führung – Wie Führungskräfte ihre Mitarbeiter gesund führen können

Als Führungskraft tragen Sie im Rahmen Ihrer Fürsorgepflicht (Mit-)Verantwortung für die Gesundheit Ihrer Mitarbeiter. Sie haben darauf zu achten, dass diese weder körperlichen noch psychischen Gefährdungen ausgesetzt sind und keinen Schaden erleiden.

Sie können über die reine Schadensvermeidung hinaus jedoch noch wesentlich mehr dazu beitragen, dass die Gesundheit Ihrer Mitarbeiter erhalten oder sogar gefördert wird. Ihnen stehen viele Möglichkeiten resilienter Führung zur Verfügung.

Ob Sie in die Umsetzung dieser Möglichkeiten gehen, hängt jedoch stark davon ab, ob Sie dies auch *können, wollen* und *dürfen.* Im Anschluss finden Sie grundlegende Fragen, die sich jede Führungskraft im Vorfeld ihrer Führungstätigkeit stellen sollte, weil die Antworten darauf, ihr Verhalten gegenüber den Mitarbeitern – bewusst oder unbewusst – beeinflussen werden. Nehmen Sie sich

© Springer Fachmedien Wiesbaden GmbH,
ein Teil von Springer Nature 2021
W. Roth, *Die resiliente Führungskraft,* Fit for Future,
https://doi.org/10.1007/978-3-658-33086-6_4

deshalb genügend Zeit, um Ihre persönliche Haltung zu folgenden Fragen zu klären:

- Was verstehe ich unter „Führung"?
- Worin sehe ich meine wesentlichen Aufgaben als Führungskraft?
- Wie definiere ich meine „Führungsrolle?"
- Wodurch kennzeichnet sich eine „gute" Führungskraft?
- Ist mir bereits bewusst, dass sich mein Verhalten auf das Wohlbefinden und die Gesundheit meiner Mitarbeiter auswirkt?
- Braucht Führung Hierarchie?
- Welche Haltung habe ich bezüglich „Arbeitsmotivation? Brauchen Menschen „Zuckerbrot und Peitsche", um motiviert zu arbeiten oder arbeiten sie intrinsisch motiviert? (siehe x/y-Theorie von McGregor) [1]
- Wie nehme ich andere Menschen wahr? Als Unterstützung? Als Bedrohung?
- Kann ich anderen Menschen vertrauen?
- Kann ich loslassen und Aufgaben delegieren? Wie sehr brauche ich Kontrolle über die Mitarbeiter?
- Nehme ich den Menschen hinter dem Mitarbeiter wahr?
- Interessiere ich mich für die Bedürfnisse, Werte, Ziele, Gefühle und das Sinnerleben meiner Mitarbeiter?
- Gibt es Mitarbeiter, die ich besonders mag oder überhaupt nicht mag? Warum ist das so?
- „Triggern" mich bestimmte Mitarbeiter und lösen besondere emotionale Reaktionen aus? Wie reagiere ich auf diese Menschen? Angriff, Flucht oder Totstellen?
- Wie reagiere ich auf Kritik?
- Wie häufig bin ich mit meinen Mitarbeitern in Kontakt?
- Wie wichtig ist mir Harmonie? Bin ich konfliktfähig?
- Stehe ich hinter meinen Mitarbeitern?
- Stehen meine Mitarbeiter für mich im Mittelpunkt oder sind sie Mittel(-Punkt)?

Betrachten wir im nächsten Schritt Ihre Möglichkeiten, gesund zu führen, unter den vier Aspekten ganzheitlicher Gesundheit (vier Räder) sowie im Hinblick auf die vier Resilienzfaktoren („4 S").

Gesund führen unter biologischen Aspekten

Dass Mitarbeiter körperlich keinen Schaden nehmen, dafür wurde die Gefährdungsbeurteilung eingeführt. Sie stellt gewissermaßen die Minimalanforderung an eine biologisch gesunde Führung dar. Die Umgebungsverhältnisse am Arbeitsplatz müssen so gestaltet sein, dass sie kein Gesundheitsrisiko für die Menschen darstellen. Bei genauerer Betrachtung wird hier jedoch noch nichts für die Gesundheits*förderung* getan, sondern ausschließlich darauf geachtet, dass keine Gesundheits*schäden* aus der Arbeit resultieren.

Viele Unternehmen betreiben, was die körperliche Gesundheit der Mitarbeiter anbelangt, heute jedoch bereits wesentlich mehr als reine Schadensbegrenzung. Sie bieten ergänzende Gesundheitsangebote, um die körperliche Leistungsfähigkeit ihrer Mitarbeiter zu erhalten und das Wohlbefinden zu erhöhen. Dazu zählen neben vielen anderen Angeboten:

- Gesunde Ernährung in der Kantine
- Bewegungs- und Entspannungsangebote
- Mobile Massage am Arbeitsplatz
- Gesundheitstage
- Gesundheits-Check-ups

Betriebsmedizinische Beratung und Versorgung, auch weit über den gesetzlich vorgeschriebenen Rahmen hinaus, rundet die Angebote im Hinblick auf den körperlichen Aspekt ab. Hinsichtlich „biologisch gesunder Führung" sind viele Unternehmen mittlerweile also richtig gut aufgestellt.

Als Führungskraft sollten Sie darauf achten, dass Ihre Mitarbeiter körperlich ausreichend Ruhe- und Entspannungsphasen erhalten und zur Verfügung gestellte Angebote auch nutzen können. Diesen Aspekt zu erwähnen, mag beinahe banal erscheinen, gleichzeitig berichten Klienten immer wieder von Erlebnissen, die den Hinweis durchaus sinnvoll erscheinen lassen. Wie bereits erwähnt, gibt es einfach nichts, was es nicht gibt. Zwei Beispiele mögen dies verdeutlichen.

Beispiel 1:

Ein Abteilungsleiter berichtet, dass sein Vorgesetzter in keinster Weise darauf achtet, dass er körperlich und geistig zur Ruhe kommen kann. So ist es nicht unüblich, dass er spät abends – auch am Wochenende – Mails weiterleitet, mit der Vorgabe, diese schnellstmöglich zu beantworten. Und das, obwohl im Konzern immer wieder darauf hingewiesen wird, den Mitarbeitern ausreichend Zeit zur Regeneration und Entspannung einzuräumen.

Beispiel 2:

Eine Führungskraft erzählt, dass in ihrem Unternehmen ein „Chillout-Room" eingerichtet wurde. Die Geschäftsleitung hatte auf der letzten Betriebsversammlung sogar noch einmal deutlich darauf hingewiesen, dass es ihr sehr wichtig sei, dass dieser von den Mitarbeitern auch entsprechend genutzt werden könne. Doch einigen Vorgesetzten scheint die Nutzung ein Dorn im Auge zu sein.

In nahezu jeder Abteilungsbesprechung weisen sie darauf hin, *dass wir hier schließlich für das Arbeiten bezahlt werden, und nicht für Chillen.* Viele Mitarbeiter nutzen den Raum daher nur mit einem schlechten Gewissen oder überhaupt nicht, aus Angst vor Konsequenzen.

Ein chinesisches Sprichwort lautet:

Worte kochen keinen Reis.

Den Worten und den Statements in den Hochglanzbroschüren dürfen auch die entsprechenden Taten folgen.

Betrachten wir im nächsten Schritt, wie Führungskräfte
unter psychologischen Aspekten gesund führen können.

Gesund führen unter psychologischen Aspekten

Während für die biologische, körperliche Gesundheit der Mitarbeiter bereits viel getan wird, tun sich
Unternehmen im Hinblick auf psychologisch gesundes
Führen in der Umsetzung offensichtlich noch etwas
schwerer. So scheitert es z. B. bereits an der Erhebung
der Gefährdungen. Gerade einmal ein Drittel der Unternehmen hat, wie wir im bisherigen Verlauf gesehen haben,
die gesetzlich vorgeschriebene Gefährdungsbeurteilung
psychischer Belastungen auch realisiert.

Woran liegt das? Hat die psychische Gesundheit der
Mitarbeiter einen untergeordneten Stellenwert? Fehlt
es in den Unternehmen an Wissen, wie psychische
Gefährdungen erhoben und beurteilt werden können?
Scheuen sich Unternehmen, das Thema „Psyche" aufzu-
greifen, weil diesem noch immer zu sehr der Charakter
von „psychischer Erkrankung" und „Verrücktheit"
anhaftet? Was blockiert bereits die „Datenerhebung", von
der Umsetzung psychologisch gesunder Führung ganz zu
schweigen?

Führungskräfte können einen wichtigen Beitrag
zur Vermeidung von Erschöpfung und psychischen
Erkrankungen leisten, wenn sie die Psyche des Menschen
stärker in die tägliche (Zusammen-)Arbeit integrieren. Die
wesentlichen Ursachen für Absentismus, Präsentismus,
Dienst nach Vorschrift und innere Kündigung liegen nach

meiner Einschätzung eher auf der psychologischen als der biologischen Ebene. Doch was können Führungskräfte konkret tun?

Psychologisch gesunde Führung ist eine wertschätzende und würdigende Führung.

Wertschätzung können Führungskräfte ihren Mitarbeitern z. B. entgegenbringen, indem sie darauf achten, dass keine „Gratifikationskrisen" [2] entstehen. Diese stellen für Menschen eine starke *psychische Belastung* dar und führen laut Johannes Siegrist zur Entstehung von psychischen und psychosomatischen Erkrankungen [3].

Nach seinem Modell erkrankt eine Person dann, wenn sie sich stark verausgabt und dafür nicht in angemessener Weise entschädigt wird. Wenn der eigene Einsatz in Form von Engagement, Wissen, Zeit, Identifikation und Leistung nicht durch entsprechende Belohnung in Form von ausbildungsadäquater Beschäftigung, Lohngerechtigkeit, Arbeitsplatzsicherheit, Weiterbildungs-, Karriere- und Einflussmöglichkeiten kompensiert wird, dann entsteht daraus das als „Gratifikationskrise" bezeichnete Krankheitspotenzial.

Wertschätzend und würdigend zugleich ist auch, wenn Führungskräfte den Menschen hinter dem Mitarbeiter wahrnehmen und deren Psyche, im Sinne von Bedürfnissen, Gefühlen und Motivationen mit einbeziehen. Um auf die Bedürfnisse Ihrer Mitarbeiter eingehen zu können, sollten Ihnen als Führungskraft die zwei wesentlichen menschlichen Grundbedürfnisse bekannt sein:

Zum einen das Bedürfnis nach Wachstum, Entwicklung und freier Entfaltung. Zum anderen das Bedürfnis nach Sicherheit, Zugehörigkeit und Eingebunden-Sein.

So kann es z. B. sein, dass sich die Psyche des einen Mitarbeiters in Ihrem Team mehr Delegation, Handlungs- und Entscheidungsspielraum wünscht, während die Psyche eines anderen eher ihre Rückendeckung und Unterstützung braucht, um Sicherheit zu gewinnen. Psychisch unterstützendes Führungsverhalten darf stets auf die Einzelperson und deren aktuelles Bedürfnis abgestimmt werden.

Um den Unterschied von Wertschätzung und Würdigung zu verdeutlichen, anbei die Schilderungen von zwei Führungskräften, die diesen Unterschied spürbar machen.

Beispiel 1: der „Low-Performer"

Eine über lange Jahre zuverlässige, leistungsstarke, loyale Führungskraft gerät durch private Umstände (Unfälle, Krankheiten und Todesfälle im familiären Umfeld) in eine tiefe Krise und wird psychisch krank. Im Rahmen seiner mehrmonatigen Rehabilitation stellt die Führungskraft für sich fest, dass sie nach ihrer Rückkehr ins Unternehmen keine Führungsaufgaben mehr übernehmen möchte. Dass sein Wert für das Unternehmen ohne die Übernahme von Führungsaufgaben nun weniger „wertgeschätzt" wird – natürlich auch was seine Vergütung anbelangt –, damit kann dieser Mensch gut leben. Weniger Verantwortung, weniger Beitrag zum Unternehmensergebnis, weniger Gehalt.

Womit er nur schwer leben kann, ist die Entwürdigung, dass er ab diesem Zeitpunkt von seinen Vorgesetzten und Kollegen hinter verschlossenen Türen als „Low Performer" bezeichnet wird. Das kränkt und schmerzt ihn zutiefst. Er fühlt sich nicht menschlich behandelt und tief in seiner Würde verletzt.

Die „Wiedereingegliederte"

Nach langer krankheitsbedingter Abwesenheit möchte eine Mitarbeiterin zurück an ihren Arbeitsplatz. Sie vereinbart eine „stufenweise Wiedereingliederung" [4] mit dem Unternehmen.

Die Mitarbeiterin ist aufgrund der mehrmonatigen Auszeit stark verunsichert und stellt sich immer wieder folgende Fragen:

- *Wie erging es meinen Kollegen in der Zwischenzeit?*
- *Wie wurde die Arbeit zwischenzeitlich organisiert, umverteilt?*
- *Wie ist die Stimmung in der Abteilung?*
- *Mit welchen Gefühlen werde ich wohl empfangen? Sind meine Kollegen wütend oder enttäuscht?*
- *Wie denken meine Vorgesetzten über mich?*
- *Werde ich überhaupt noch gebraucht oder geht es vielleicht sogar ohne mich?*
- *Hat die lange Abwesenheit Konsequenzen für mich?*
- *Traut man mir vielleicht weniger/nichts mehr zu?*
- *Was ist, wenn ich die „Wiedereingliederung" nicht schaffe?*

Auf all diese Fragen wird im Prozess der Wiedereingliederung laut ihren Schilderungen überhaupt nicht eingegangen. Die psychologische Komponente wird vom Unternehmen nicht berücksichtigt, es fokussiert ausschließlich ihren Wert als „Glied in der Kette". Wird sich das Kettenglied problemlos wieder eingliedern lassen und hält es dem Druck auch weiterhin stand? Wie hoch ist die Gefahr, dass die Mitarbeiterin die (Produktions-) Kette zukünftig wieder sprengt?

Keine Fragen nach ihrem Befinden, ihren Bedürfnissen, ihren Ängsten und Bedenken. Keine Fragen, wie es ihr in der Zwischenzeit ergangen ist, was sich bei ihr entwickelt hat, wie sie heute denkt und fühlt. Doch am meisten schmerzt sie eine Frage, die ihr immer wieder gestellt wird:

Sind Sie jetzt wieder die alte?

Sie empfindet diese Frage als entwürdigend, denn sie möchte als Mensch gar nicht mehr „die alte" sein. Dass ihr diese Veränderung und Entwicklung offensichtlich nicht zugestanden wird, belastet sie sehr.

Der Übergang von Wertschätzung und Würdigung mag ein fließender sein. Und dennoch scheint er bedeutsam. Unter psychologischen Gesichtspunkten gesund zu führen, heißt, den Menschen als Lebewesen wahrzunehmen, wertzuschätzen und zu würdigen. Mit all seinen Bedürfnissen, Gedanken, Werten und Gefühlen. Ich persönlich bin davon überzeugt, dass die Hauptursache für Kündigungen nicht die mangelnde Wertschätzung darstellt, damit können Mitarbeiter noch einigermaßen leben. Nicht wenige berichten hinter verschlossenen Türen, dass sie die fehlende Wertschätzung mit dem monatlichen „Schmerzensgeld" kompensieren. Womit Menschen jedoch überhaupt nicht leben können und wollen, ist Entwürdigung.

Voraussetzung für psychologisch gesunde Führung ist, dass die Führungskraft mit ihrer eigenen Psyche vertraut und einigermaßen im Reinen ist. Wertschätze und würdige ich mich selbst? Kann ich mich in Konfliktsituationen mit Mitarbeitern – wenn diese meine Arbeit und meine Person nicht wertschätzen und würdigen – selbst stärken? Führung bedeutet, Veränderungen, Konflikte, Krisen, Chaos (er-)tragen zu können, das braucht eine eigene resiliente Psyche, eine gesunde Gedanken- und Gefühlswelt.

Emotionale Kompetenz spielt dabei eine wesentliche Rolle, wie Daniel Goleman [5] vor 30 Jahren schon geschrieben hat. Doch wie sehr haben wir diese Erkenntnis in unsere Führungskräftetrainings bereits integriert? Wie geschult sind Führungskräfte in psychologischer und emotionaler Hinsicht?

Führungskräfte werden, wie ich aus den vielen Begegnungen mit ihnen erfahre, noch immer vorrangig aufgrund ihrer Fachkompetenzen zu „Vorgesetzten". Psychologie, Selbstreflexion, Emotionsregulation, soziale Kompetenzen und die Entwicklung der eigenen Persönlichkeit – inklusive der Entdeckung „blinder

Flecken" – wird zu wenig (obligatorisch) geschult. Daran dürfen wir im Sinne psychologisch gesunder Führung weiter arbeiten.

Gesund führen unter sozialen Aspekten

Wenn Sie als Führungskraft unter sozialen Gesichtspunkten gesund führen wollen, dann dürfen Sie berücksichtigen, dass Ihre Mitarbeiter soziale Wesen sind, die ein tiefes Bedürfnis nach Kontakt haben und ein sozial unterstützendes Miteinander erleben wollen.

Das heißt zum einen, dass Sie darauf achten dürfen, dass weder Sie selbst noch Ihre Mitarbeiter irgendein Teammitglied ausgrenzen. Soziale Ausgrenzung schmerzt und macht krank. Die Deutsche Apothekerzeitung zitiert dazu eine Studie und schreibt:

Soziale Ausgrenzung ist Körperverletzung [6].

Fördern Sie als Führungskraft ein harmonisches und konstruktives Miteinander, agieren Sie selbst als soziale Unterstützung und gestalten einen Rahmen, in dem sich Ihr Team gleichermaßen (unter-)stützt.

Zum anderen bedeutet sozial gesunde Führung, dass Sie auf eine gesunde Kommunikation sowie ein gesundes, konstruktives Konfliktmanagement achten.

Schulen Sie sich selbst und Ihre Mitarbeiter z. B. nach dem Modell der „gewaltfreien Kommunikation" von Marshall B. Rosenberg. Dies zeichnet sich durch nachfolgende Schritte der Konfliktlösung aus:

Schritt 1: Wahrnehmung, Beobachtung (ohne Bewertung) schildern

Schritt 2: Emotionale Auswirkung der Beobachtung schildern. Welche Gefühle erscheinen?

Schritt 3: Welches Bedürfnis wird nicht befriedigt?

Schritt 4: Was ist meine Bitte, was wünsche ich mir?

Konflikte sind in der menschlichen Begegnung, und speziell im Arbeitsprozess, unvermeidbar. Wenn dem so ist, so sollten wir uns die nötigen Kompetenzen aneignen, insbesondere wenn wir Führungsaufgaben innehaben. Kommunikationsseminare lagen während meiner Zeit als Personalentwickler jedoch weit hinter Projektmanagement-, Rhetorik-, Präsentations-, Zeitmanagement- und Zielvereinbarungsseminaren.

Ist Ihnen bei den vier Schritten einer „gesunden Konfliktlösung" aufgefallen, dass wir für eine konstruktive und gesunde Kommunikation nicht an unserer Gefühlswelt vorbeikommen? Gesunde soziale Führung braucht zwingend die Beteiligung unserer Psyche.

Während ich dies schreibe, erinnere ich mich an einen Workshop „Resilient kommunizieren", bei dem ein sehr erfahrener Personalleiter eines mittelständischen Unternehmens, ein äußerst kompetenter Jurist und Spezialist im Arbeitsrecht, in einer der Pausen sichtlich bewegt erwähnte:

Jetzt verstehe ich, warum so viele Gespräche und Verhandlungen in der Vergangenheit gescheitert oder wenig zufriedenstellend verlaufen sind. Ich bin mein Leben lang davon ausgegangen, dass Gefühle in solchen Treffen nichts verloren hätten und wir uns ausschließlich auf die Sachebene konzentrieren sollten.

Warum lernen wir derart grundlegende Kompetenzen für unser Leben nicht bereits frühzeitiger in unserem Bildungs- und Erziehungssystem?

Wenn Sie als Führungskraft unter sozialen Aspekt gesund führen wollen, dann brauchen Sie dafür den Kontakt zu

Ihren Mitarbeitern. Ich erinnere mich nicht mehr daran, wo ich die folgende Formulierung gehört habe, sie hat mich jedoch nachhaltig beeindruckt:

Als Führungskraft sollten Sie „Management by Wandering around" praktizieren.

Wandern Sie durch die Reihen Ihrer Mitarbeiter, zeigen Sie Präsenz. Denn nur dann können Sie

Hinschauen

Hinhören

Hinspüren.

Aus meiner Sicht elementare Bestandteile einer gesunden Führung.

In meinen Resilienztrainings und Burn-out-Präventionsseminaren taucht immer wieder die gleiche Frage auf:

Wie kann ich denn als Führungskraft erkennen, ob ein Mitarbeiter in den Burn-out geht?

Es sind genau diese drei Faktoren, die Ihnen das überhaupt ermöglichen. Indem Sie vor Ort sind, hingehen, hinschauen, hinhören und hinspüren. Wie wollen Sie aus der Distanz Veränderungen im Denken, Fühlen oder Verhalten Ihrer Mitarbeiter wahrnehmen? Frustrierende, resignative, traurige oder wütende Kommentare? Einen veränderten Gesichtsausdruck, eine veränderte Körperhaltung, zynische Bemerkungen unter Teammitgliedern oder Ausgrenzung einzelner Personen?

Für eine gesunde soziale Führung brauchen Sie die Begegnung, den Kontakt mit den Menschen. Begeben Sie sich auf „Wanderschaft".

Beantworten Sie folgende Fragen für sich:

Habe ich diese Haltung?

Will ich diese intensiven Begegnungen wirklich? Kann ich das?

Darf ich das? Habe ich seitens meiner Vorgesetzten den nötigen Freiraum und die Zeit dafür?

Würde ich mich dafür stark machen, wenn dem noch nicht so ist?

Kenne ich den Dreischritt gesunder Kommunikation und Konfliktlösung? Kann ich ihn anwenden?

Wie wichtig erachte ich den sozialen Aspekt für die Gesundheit der Mitarbeiter?

Sozial gesunde Führung funktioniert nicht aus dem Büro oder in den 15 Minuten zwischen zwei Projektsitzungen. Sozial gesunde Führung braucht Zeit und ein ehrliches Interesse an menschlicher Begegnung. Sie wird zukünftig noch wichtiger werden, wenn die direkte Begegnung aufgrund zunehmender Homeoffice-Arbeitsplätze durch „Remote-Führen" ergänzt oder abgelöst wird.

Wie sieht „Management by Wandering around" dann aus? Wie kann der Kontakt und die Begegnung gewährleistet werden? Wie können die „3 Hs" dann effizient und effektiv umgesetzt werden?

Gesund führen unter spirituellen Aspekten

Wenn Sie unter spiritueller Hinsicht gesund führen wollen, spielt die Integration von Werten und Sinnhaftigkeit in die tägliche Begegnung und Zusammenarbeit eine entscheidende Rolle. Wir haben sowohl beim Kohärenzsinn Antonovsky's als auch im Resilienzkonzept die gesunderhaltende Funktion der Spiritualität, des „Sinnerlebens" kennengelernt.

Erarbeiten Sie als Führungskraft mit Ihren Mitarbeitern ein sinnstiftendes „WHY", wie Simon Sinek [8] es bezeichnet. Beantworten Sie gemeinsam die Frage:

Wofür sind wir hier zusammen?

Und ganz wichtig:

Schreiben Sie die Werte nicht nur in Hochglanzbroschüren, sondern leben Sie sie. Agieren Sie selbst dabei als Vorbild und inspirieren Sie andere, diese Werte ebenfalls zu leben.

Dass diese „spirituelle Führung" nicht nur Gesundheit fördert, sondern auch wirtschaftlicher Erfolg daraus resultiert, haben wir am Beispiel von Bodo Janssen und „Upstalsboom" sehen können. Er hat diesen Weg gemeinsam mit seinen Mitarbeitern beschritten. Kein einfacher, leichter Weg UND gleichzeitig ein bereichernder. Spirituelle (Unternehmens-)Führung ist möglich und leistet einen enormen Beitrag zur Gesundheit und zum Wohlbefinden der Beteiligten.

Was ist Ihr „WHY" als Führungskraft? Wofür haben SIE eine Führungsaufgabe übernommen? Welche Werte wollen Sie gemeinsam mit Ihrem Team (er-)leben?

Nachdem wir gesunde Führung unter bio-psychosozialen und spirituellen Aspekten kennengelernt haben, betrachten wir nachfolgend, wie Sie als Führungskraft die vier Resilienzfaktoren Selbstvertrauen, Selbstmitgefühl, soziale Unterstützung und Sinn („4 S") stärken können. Sie werden Überschneidungen erkennen, dennoch erscheint es mir bedeutsam, darauf noch einmal separat einzugehen.

Selbstvertrauen fördern

Resilienz korreliert mit Selbstvertrauen. Sie können als Führungskraft die Resilienz Ihrer Mitarbeiter stärken, wenn Sie deren Vertrauen in sich selbst stärken.

Das braucht keine tiefenpsychologische Begleitung Ihrerseits, als Führungskraft stehen Ihnen durchaus andere Möglichkeiten zur Verfügung. Zum Beispiel, indem Sie Ihren Mitarbeitern etwas zutrauen, ihnen Handlungs- und Entscheidungsspielräume geben, Aufgaben, Befugnisse und Verantwortung übertragen.

Begleiten Sie Ihre Mitarbeiter, fragen Sie aktiv nach, was aus Sicht des Mitarbeiters notwendig oder sinnvoll erscheint, die übertragenen Aufgaben erfüllen zu können. Benötigt oder wünscht der Mitarbeiter noch (Weiter-) Qualifizierung, um sein Selbstvertrauen zu stärken?

Fühlt sich der Mitarbeiter in irgendeinem Kompetenzbereich noch unsicher, traut sich noch nicht genügend zu, vertraut sich selbst (noch) nicht? Beziehen Sie neben der Fachkompetenz die Bereiche Sozialkompetenz, Persönlichkeitskompetenz, Emotionale Kompetenz und Spirituelle Kompetenz mit ein. Sie sind Teile des Selbst und korrelieren mit dem Selbstvertrauen. Fokussieren Sie nicht ausschließlich die fachlichen Kompetenzen, es braucht eine ganzheitliche, integrale Förderung.

Arbeiten Sie an einem „Vertrauensverhältnis", gestalten Sie gemeinsam mit Ihren Mitarbeitern eine stimmige

„Fehlerkultur". Fehler und Scheitern sind Bestandteil des gemeinsamen Entwicklungs- und Wachstumsprozesses. (Selbst-)Vertrauen ist häufig ein zartes Pflänzlein. Vertrauen, das Mitarbeitern nur dann entgegengebracht wird, wenn alles reibungslos und erfolgreich läuft, ist kein wirkliches Vertrauen. Bringen Sie Ihren Mitarbeitern gerade dann Vertrauen entgegen, wenn sie es am nötigsten brauchen, nämlich genau in den Momenten, wo nicht alles glatt läuft und Fehler passieren.

Selbstmitgefühl fördern

Das Selbstmitgefühl Ihrer Mitarbeiter können Sie als Führungskraft fördern, indem Sie ihnen Mitgefühl und Empathie vorleben. Sowohl im Kontakt mit sich selbst als auch im persönlichen Kontakt mit jedem Einzelnen. Werden Sie zu einer authentischen Führungsperson, die ihre eigenen Gefühle nicht verbergen muss und die Stärke besitzt, Schwäche zeigen zu können.

Entwickeln Sie sich selbst zu einer Führungskraft, die Schwäche nicht als beschämend oder Versagen interpretiert, sondern als wesentlichen Bestandteil von Resilienz. Stärke und Schwäche, Stabilität und Flexibilität, Widerstandskraft und Akzeptanz, das ist wahre Resilienz. Nicht die Maske der Unverletzlichkeit, Unverwundbarkeit und permanenten Kontrolle.

Sie können als Führungskraft die Gefühlswelt nicht aus Ihrem (Arbeits-)Alltag „verbannen". Wir haben gesehen, dass die Unterdrückung unserer Gefühle sogar unser Immunsystem schwächt und somit den Weg in die Krankheit bahnen kann. Gefühle lassen sich nicht am Werkstor ausstempeln. Ein gesunder Arbeitsplatz ist ein Arbeitsplatz, an dem der Mensch in seiner Ganzheit sein darf, mit allem, was ihn ausmacht. Fördern Sie die Integration der Gefühle in Ihre Führungsarbeit. Es geht nicht ohne sie. Entwickeln Sie sich zur „Fühlungskraft".

Soziale Unterstützung gewährleisten

Sind Sie Ihren Mitarbeitern die benötigte und gewünschte soziale Unterstützung? Leisten Sie „Hilfe zur Selbsthilfe", wenn diese alleine nicht weiterkommen? Haben Sie stets eine offene Tür und ein offenes Ohr für sie? Und vor allem ein offenes Herz?

Dieses offene Herz – oder nennen Sie es Empathie, Mitgefühl, Offenheit – werden Sie brauchen, um ein Vertrauensverhältnis zu Ihren Mitarbeitern gestalten zu können, das tragfähig ist. So tragfähig, dass Menschen aktiv bei Ihnen um Unterstützung nachfragen oder Ihre angebotene Unterstützung annehmen können.

Stehen Ihre Mitarbeiter im Mittelpunkt oder dreht sich fast alles um Sie? Sie sind schließlich der „ihnen vor die Nase gesetzte". Genießen Sie Ihren Status, Ihre Macht, Ihren hierarchischen Thron oder verstehen Sie sich als Unterstützer?

Praktizieren Sie „Management bei Wandering around" oder eher „Management by sitting on my Throne?" Ich selbst kann mich noch sehr gut an nicht enden wollende Diskussionen unter Führungskräften entsinnen, in denen die Marke des Firmenwagens, die Motorisierung und die Nähe des Firmenparkplatzes zum Büro mehr diskutiert wurden als die menschlichen und sozialen Belange.

Haben Sie dafür vielleicht sogar eine passende Ausrede parat, wie

Ich würde ja gerne, aber dafür fehlt mir leider die Zeit?

Dann sind Sie Ihren Mitarbeitern gewiss noch keine soziale Unterstützung. Wenn wir ein gesünderes Zusammenleben gestalten wollen, dann braucht es ein neues Verständnis von Führung. Vielleicht eine dienende Haltung? Wird „Dienen" das zukünftige „Führen"? Den Menschen im Unternehmen dienen, dass sie ihre Arbeit so gut wie möglich erledigen können und in zwischenmenschlicher Hinsicht ein harmonisches, unterstützendes, (mit-)fühlendes, menschliches und würdevolles Miteinander er1fahren.

Sinnstärkung

Wie können Sie als Führungskraft das Sinnerleben in den Arbeitsalltag integrieren? Was ist Ihr eigenes persönliches „WHY", das Sie jeden Tag aufs Neue zum Arbeiten motiviert? Welche Werte verfolgen Sie? Persönlich und gemeinsam mit Ihrem Team?

Bei der Frage nach dem WOFÜR taucht sofort ein Begriff auf, von dem ich nicht mehr weiß, wo und von wem ich ihn zum ersten Mal gehört habe. Es könnte sein, dass ihn Götz Werner [9] in einem Vortrag formuliert hat. Der Gründer der dm-Kette ist aus meiner Wahrnehmung einer der „Leuchttürme" im Bemühen um eine menschlichere (Unternehmens-)Welt.

Der Begriff lautet:

Menschenerfolg

An oberster Stelle geht es darum, Menschen erfolgreich zu machen, der wirtschaftliche Erfolg „erfolgt" daraus. Menschenerfolg durch Würdigung der Ganzheitlichkeit des Lebewesens Mensch. Ich glaube fest daran, dass wir eine gesündere (Unternehmens-)Welt gestalten können, wenn wir den Menschen(-erfolg) zum WOFÜR unseres Lebens und Zusammenlebens machen.

4.1   Was Mitarbeiter sich für ihr Wohlbefinden wünschen

In meiner Zeit als Personalentwickler durfte ich drei weltweite Mitarbeiterbefragungen begleiten. Anhand der Befragungen sollte, jeweils im Abstand von vier Jahren, die Arbeitszufriedenheit (Wohlbefinden) und die Identifikation der Mitarbeiter mit dem Unternehmen erhoben werden.

Alle drei Befragungen kamen fast deckungsgleich zu folgenden Ergebnissen:

Mitarbeiter haben das Bedürfnis nach (mehr) Information

Mitarbeiter möchten verstehen und nachvollziehen können. Dafür brauchen sie Information. Die Verstehbarkeit besitzt, wie wir bei Aaron Antonovsky gesehen haben, einen gesunderhaltenden Charakter, sie ist ein salutogener Faktor. Zudem fühlen sich Mitarbeiter, die informiert werden, wertgeschätzt und als Teil des Ganzen. Halten Sie sich als Führungskraft also nicht zurück, wenn es um Information geht.

Seien Sie sich gleichermaßen bewusst, dass Sie diesen Wunsch der Mitarbeiter kaum umfänglich erfüllen können. Mitarbeiter gehen in der Regel eher davon aus, dass ihnen „von oben" doch noch irgendetwas verheimlicht wird. Und mit dieser Einschätzung liegen sie ja meist auch richtig. Persönlich habe ich die besten Erfahrungen damit gesammelt, in diesen Situationen ehrlich und authentisch damit umzugehen und einzugestehen, dass bestimmte Informationen (noch) nicht weitergegeben werden können. Nicht selten eine Gratwanderung, vor allem dann, wenn der „Flurfunk" [10] wieder einmal schneller war.

Mitarbeiter haben das Bedürfnis nach Kommunikation

Mitarbeiter wünschen sich Kommunikation mit ihren Führungskräften. Dabei geht es ihnen zum einen um die Quantität, also dass diese überhaupt stattfindet, zum anderen um die Art und Weise der Kommunikation. Quantität UND Qualität der menschlichen Begegnung spielen eine Rolle.

Mitarbeiter schätzen das Prinzip der „offenen Tür" bei Ihren Vorgesetzten. Sie möchten dann kommunizieren, wenn akuter Gesprächsbedarf besteht, nicht nur in turnusmäßigen Mitarbeitergesprächen. Sie möchten mit alltäglichen Herausforderungen und Problemen zu ihren Führungskräften kommen können, nicht nur, wenn Zielvereinbarungsgespräche oder Mitarbeiterbeurteilungsrunden anstehen. Sie schätzen es auch, wenn Führungskräfte von sich den Kontakt suchen, Interesse zeigen, hinschauen, hinhören und hinspüren. Zumindest, wenn die dafür nötige Vertrauensbasis vorhanden ist.

Qualitativ wünschen sich Mitarbeiter eine wertschätzende und empathische Kommunikation, die auch dann konstruktiv bleibt, wenn Konflikte auftreten. Auch hier soll nicht unerwähnt bleiben, dass manche Mitarbeiter sich von ihren Vorgesetzten ein Verhalten wünschen, das sie selbst (noch) nicht in der Lage sind, praktizieren zu können. Umso wichtiger für Sie als Führungskräfte, dass Sie hinreichend in gesunder Kommunikation und Konfliktlösung trainiert sind und über emotionale Selbststeuerungskompetenzen verfügen.

Mitarbeiter haben das Bedürfnis nach Partizipation

Mitarbeiter haben das Bedürfnis involviert zu werden, nicht nur informiert. Sie wollen in Entscheidungsfindungsprozesse und Entscheidungen einbezogen werden. Partizipation vermittelt ihnen ein Gefühl der Selbstwirksamkeit und Steuerbarkeit, lässt sie die Hand mit am

Steuerrad haben. Sich nicht „fremdgesteuert" zu fühlen, ist ein gesunderhaltender Faktor, wie wir bei Antonovsky gesehen haben.

Literatur

1. https://de.wikipedia.org/wiki/X-Y-Theorie
2. https://www.gda-psyche.de/DE/Zahlen-Daten-Fakten/Entstehungsmodelle/Modell-beruflicher-Gratifikationskrisen/inhalt.html
3. https://de.wikipedia.org/wiki/Gratifikationskrise
4. https://de.wikipedia.org/wiki/Hamburger_Modell_(Rehabilitation)
5. https://de.wikipedia.org/wiki/Emotionale_Intelligenz
6. https://www.deutsche-apotheker-zeitung.de/daz-az/2003/daz-43-2003/uid-10805
7. https://de.wikipedia.org/wiki/Gewaltfreie_Kommunikation
8. https://www.youtube.com/watch?v=IPYeCltXpxw
9. https://de.wikipedia.org/wiki/G%C3%B6tz_Werner
10. https://de.wikipedia.org/wiki/Flurfunk
11. https://www.dguv.de/medien/inhalt/praevention/themen_a_z/psychisch/iag_report.pdf
12. https://de.wikipedia.org/wiki/Mobbing
13. https://www.all-in-one-spirit.de/pdf/DynFac.pdf

5

Zusammenfassung

Wir sind am Ende des Buches angelangt. Sie haben Ihren persönlichen „Resilienz-Führerschein" absolviert, die Ausgangsbasis, sich selbst und andere gesund führen zu können. Wie sehr hätte ich mir für meine damalige Führungsaufgabe eine derartige Orientierungshilfe gewünscht. (Mit-)Verantwortung für die Gesundheit und das Wohlbefinden von Menschen zu tragen ist eine große Herausforderung. Damit Führungskräfte dieser Verantwortung gerecht werden können, sollten sie in ihren Unternehmen entsprechend gefördert werden.

Die Förderung darf aus meiner Sicht mit der Vermittlung von Wissen beginnen. Wissen ist Macht, die aus einer empfundenen Ohnmacht gegenüber der gestellten Aufgabe befreien kann. Wissen (Kennen) ist selbstverständlich noch kein Können, doch mit dem Wissen sind die Grundlagen zum Tun bereits vorhanden. Und dann ist es wie in vielen Bereichen des Lebens: üben, üben, üben.

© Springer Fachmedien Wiesbaden GmbH, ein Teil von Springer Nature 2021
W. Roth, *Die resiliente Führungskraft*, Fit for Future,
https://doi.org/10.1007/978-3-658-33086-6_5

Um in unserem Bild des Fahrzeugs mit vier Rädern und dem Führerschein zu bleiben:

Autofahren können wir noch längst nicht mit bestandener Prüfung, souveränes und routiniertes Fahren erlernen wir durch die tägliche Praxis im Verkehr. Peu á peu und nicht selten am nachhaltigsten und einprägsamsten durch die Fehler in der Ausübung.

Neben der individuellen Ebene der Resilienzförderung, die das höchste Potenzial für zeitnahe Veränderungen birgt, gibt es jedoch noch weitere Ebenen, die wir in die Gestaltung eines gesünderen Lebens und Zusammenlebens einbeziehen sollten.

Betrachten wir im Folgenden, wie dies auf der kollektiven, strukturellen und systemischen Ebene gelingen kann.

5.1   Ebenen der Resilienzförderung

Kollektive Ebene

Auf kollektiver Ebene können wir Resilienz fördern, indem wir gemeinsam ein Zusammenleben gestalten, das sich durch gegenseitige (soziale) Unterstützung auszeichnet. Kooperation statt Konkurrenz, Miteinander statt Gegeneinander.

Das setzt voraus, dass Menschen auf individueller Ebene mit sich selbst im Frieden sind. Selbstzuwendung, Selbstreflexion, Selbstfürsorge und -vertrauen sind die Basis, um anderen Vertrauen und Unterstützung entgegenbringen zu können. Führungskräfte, die sich noch im eigenen inneren Unfrieden befinden, können nur schwer ein friedliches, wertschätzendes, würdevolles, menschliches Miteinander mit ihren Mitarbeitern gestalten. Sie werden häufig von ihren Prägungen, Kränkungen, „blinden Flecken" und verletzten „inneren Kindern" eingeholt und reagieren demzufolge nicht selten eher fremd- als selbstgesteuert. Soziale Unterstützung ist in dieser Verfassung kaum möglich.

Daneben dürfen wir uns auf kollektiver Ebene noch viel intensiver mit den Themen „gesunde Kommunikation und Konfliktlösung" auseinandersetzen. Gesundes Konfliktmanagement spielt eine entscheidende Rolle für gesundes Zusammenleben in der Gemeinschaft. Diese Kompetenzen dürfen wir stärker fördern.

Organisationale Ebene

Auf organisationaler Ebene können wir Resilienz fördern, indem wir Strukturen gestalten, die mit den permanenten Veränderungen in der vielbeschriebenen VUKA-Welt Schritt halten können, agile Strukturen. Organisationale Resilienz ist die Fähigkeit eines Unternehmens, mit entsprechender Veränderungsbereitschaft und -geschwindigkeit agieren und reagieren zu können.

Die „International Organization for Standardization" (ISO) hat einen Leitfaden für organisationale Resilienz publiziert. Demnach lässt sich diese durch folgende Faktoren stärken:

- Gemeinsame Vision und Klarheit über den Unternehmenszweck
- Den internen und externen Kontext verstehen
- Wirkungsvolle und kraftvolle Führung
- Eine unterstützende Unternehmenskultur
- Informationen und Wissen teilen
- Verfügbarkeit der Ressourcen
- Managementdisziplinen entwickeln und koordinieren
- Kontinuierliche Verbesserung unterstützen
- Fähigkeit, Veränderungen zu antizipieren und zu bewältigen
- Resilienzfaktoren evaluieren

Aus meiner Sicht können Organisationen und Strukturen jedoch gar nicht resilient sein. Es sind stets die Menschen in den Organisationen, die resilient sind. Der Mensch verändert sich und verändert seine Begegnungen und

Begegnungsräume. Resiliente Menschen haben das (Selbst-) Vertrauen, Veränderungen einzugehen. Sie müssen nicht am Bestehenden „klammern" aus Angst vor der Zukunft und dem Neuen. Organisationen und Strukturen sind nicht resilient, die darin agierenden Lebewesen sind es.

Systemebene

Wie können wir in den unterschiedlichen „Systemen" resiliente (Selbst-)Führung unterstützen?

Betrachten wir folgende Bereiche:

- Bildungs- und Erziehungssystem
- Gesundheitssystem
- Wirtschaftssystem
- Familiensystem

Bildungs- und Erziehungssystem

Unser Bildungs- und Erziehungssystem kann aus meiner Sicht einen großen Teil dazu beitragen, resilienteres Verhalten und gesündere Verhältnisse zu gestalten.

Dafür dürfte es den Auf- und Ausbau von Gesundheitskompetenz noch wesentlich stärker als bisher fokussieren. Je frühzeitiger wir in unserer Gesellschaft die Themen ganzheitliche Gesundheit und Resilienz vermitteln und trainieren, umso weniger „Folgeschäden" werden wir verzeichnen.

Das würde jedoch voraussetzen, dass wir bereits ausreichend resiliente Führungskräfte in unseren Kindergärten, Schulen und Berufsschulen haben, die ihre Kompetenzen an die jungen Menschen weitergeben können. Auch in diesem Punkt besteht aus meinen Erfahrungen mit Schulleitern, Kindergartenleitungen und Ausbildungsleitern noch immenser Nachholbedarf.

Gesundheitssystem

Unser Gesundheitssystem sehe ich weniger im Präventionsbereich gefordert. Hier können Unternehmen und

Mitarbeiter bereits aus einer Vielzahl an Gesundheits-
angeboten wählen. Wer sich auf die Suche begibt, findet
eine Vielzahl an Kursen und Seminaren, die – je nach
Krankenkasse – bis zu hundert Prozent gefördert werden.

Dringender Bedarf besteht jedoch im kurativen und
rehabilitativen Bereich. Hier wäre es notwendig, die
immensen Wartezeiten, die psychisch und psychosomatisch
Erkrankte in Kauf nehmen müssen, deutlich zu reduzieren.
20 Wochen, die ein unter psychischen Schmerzen
leidender Mensch auf Behandlung warten muss, sind viel
zu lange. Sie verlängern das Leid der Betroffenen – und
ihres Umfelds – unnötig und erhöhen die Gefahr einer
Chronifizierung der Erkrankung. Das ist weder unter
menschlichen noch unter wirtschaftlichen Aspekten vertret-
bar. Resilienzstärkung dürfte wesentlich früher einsetzen.

> Die Gesetze unseres neoliberalen Wirtschaftssystems
> kennen keine Sinnhaftigkeit, keine Nachhaltigkeit und
> keine Menschlichkeit mehr. (Michael Hüter) [1]

Unsere Arbeitswelt und unser Wirtschaftssystem
Dies ist ein Buch für Führungskräfte aus unterschiedlichen
Bereichen.

Was erleben SIE persönlich als Führungskraft, wenn Sie
Ihren Alltag mit den gesundheitsrelevanten und resilienzstärkenden Faktoren (soziale Unterstützung, Sinn, Selbstwertgefühl und Selbstmitgefühl) vergleichen?

Haben Sie den Eindruck, in gesundheitsförderlichen Verhältnissen zu leben? Fühlen Sie sich an Ihrem Arbeitsplatz
als Mensch in Ihrer Ganzheit wahrgenommen, wertgeschätzt und gewürdigt?

Viele Menschen tun dies offensichtlich nicht. Anders
lassen sich die Ergebnisse der „Gallup-Studie" nicht

interpretieren. Seit 2001 untersucht die „Gallup Organization", eines der führenden Markt- und Meinungsforschungsinstitute, jährlich den Grad der emotionalen Bindung deutscher Arbeitnehmer an ihr Unternehmen. Laut der aktuellen Studie fühlen sich 69 % kaum emotional gebunden und machen „Dienst nach Vorschrift", 16 % haben überhaupt keine Bindung mehr und bereits „innerlich gekündigt", und gerade einmal 15 % fühlen eine emotionale Verbundenheit [2].

Das ist aus meinen Begegnungen mit erschöpften Führungskräften hauptsächlich auf die mangelnden Werte in unserem Wirtschaftssystem („Gier") und die fehlende Menschlichkeit im direkten Kontakt mit Mitarbeitern zurückzuführen.

In „rothsfrechen" Worten:

Menschen erleben in einer vorrangig an grenzenlosem Wachstum und Rendite orientierten gesamtgesellschaftlichen Ausrichtung die Fortführung dessen an ihrem Arbeitsplatz. Nicht wenige empfinden dies mittlerweile als in höchstem Maße „toxisch" und gesundheitsschädigend.

Wir dürfen dringend gemeinsam neue Formen des „Wirtschaftens" und „Zusammenwirkens" gestalten, die unsere Gesundheit und unser Wohlbefinden stärken.

Das braucht Individuen, die sich bereits eigenverantwortlich in ihrem Leben auf diesen Weg begeben haben und ihre Erfahrungen und Kompetenzen ins Arbeitsleben mit einbringen.

Familiensystem

Unser Familiensystem dürfen wir bei der Betrachtung für ein gesünderes Leben natürlich nicht außer Acht lassen. Im Austausch mit Führungskräften aus dem Bildungs- und Erziehungssystem, aber auch mit Ausbildungsverantwortlichen in den Unternehmen, fallen immer wieder folgende oder ähnlich lautende Sätze wie:

„Die Familien vernachlässigen ihre Aufgaben und Pflichten hinsichtlich einer gesunden und resilienten Erziehung der Kinder und wir dürfen das nun alles ‚ausbaden'."

Doch wo setzen wir nun den Hebel an, ohne uns in gegenseitigen Schuldzuweisungen zu verlieren? Was ist Henne, was ist Ei? Woher soll die Gesundheitskompetenz in den Familien, bei den einzelnen „Systemmitgliedern" entstehen? Unser Bildungssystem vermittelt sie noch nicht hinreichend.

Ebenso ergeht es den Mitarbeitern im Bildungs- und Erziehungsbereich, ihnen wurde auch kein fundiertes Resilienzwissen vermittelt. So kommen wir immer wieder zu der bereits mehrfach getroffenen Schlussfolgerung:

Wir können unsere Resilienzsteigerung nur in die eigenen Hände nehmen und unsere Gesundheitskompetenz in Selbstverantwortung erhöhen. Auf diesem Weg sollten wir immer wieder Unterstützung einfordern und bereits bestehende Angebote nutzen. Eine andere Chance sehe ich aktuell noch nicht, wenn wir zeitnah Veränderungen initiieren wollen.

5.2 Schlusswort

Halten wir uns am Ende des Buches noch einmal das WOFÜR vor Augen.

Menschen stärken und Gesundheit fördern

In einer Zeit rapide zunehmender Erschöpfung sowie psychischer und psychosomatischer Erkrankungen haben wir Resilienz als „Gegenmittel" entdeckt. Menschen sollen resilienter werden, ihre psychische Widerstandsfähigkeit stärken, um gesund und leistungsfähig zu bleiben. Auf das

Arbeitsleben bezogen brauchen wir „die resiliente Führungskraft", um sich selbst und andere resilient führen zu können.

Aber was ist diese Resilienz, wodurch kann sie gestärkt werden? Kann sie überhaupt gestärkt werden?

Die Antwort lautet eindeutig JA, doch sieht der Weg in die Resilienz möglicherweise etwas anders aus, als wir uns das gewünscht hätten. Resilienz ist keine Methode oder Technik, es ist eine Haltung zu sich selbst, zum Menschsein, zum Leben und zu unseren Mitmenschen und der Umwelt, die von (Selbst-)Vertrauen, Werten, Gefühlen und Sinn geprägt ist. Wenn wir alle Anteile unseres Selbst in unser Leben integrieren und ihnen vertrauen (bio-psycho-sozial und spirituell), steigert das unser Wohlbefinden.

Doch um alle Anteile integrieren zu können, dürfen wir uns dieser erst einmal in vollem Umfang bewusst sein. Und hier haben wir irgendwann eine Reduktion erlebt. Eine Reduzierung des Menschen auf seine biologische, physikalische Leistungskraft.

Ich selbst glaube, dass wir den Bezug zu unserer wahren Natur verloren haben, sowohl im Innen als auch im Außen. Unsere Natur kennzeichnet sich durch die „vier Räder unseres Wagens" und unser Treibstoff sind die „4S": Selbstvertrauen, Sinn, soziale Unterstützung und Selbstmitgefühl.

Die Natur des Menschen ist einer Norm gewichen, der wir unser Leben unterordnen, der Norm des steten Wachstums, des „schneller, höher, weiter", der Rendite und der Leistung. Die vier gesunderhaltenden Resilienzfaktoren treten dabei meist in den Hintergrund. Kein Wunder, dass uns zunehmend „die Luft ausgeht", wenn wir uns von unseren Kraftquellen abschneiden.

Wie wollen sich Menschen selbst vertrauen und Sinn erleben, wenn sie eigene Bedürfnisse, Werte, Ziele und Träume nicht mehr (er)leben können? Wie wollen

Menschen gesunderhaltende soziale Kontakte erleben, wenn die Begegnungen durch Wettbewerb, Konkurrenz, Macht, Neid und Gier geprägt sind? Und wie sollen Menschen mit ihrer Psyche und ihren Gefühlen in Kontakt sein, wenn dies in unserer Gesellschaft nach wie vor tabuisiert und stigmatisiert ist?

Wir haben uns um zutiefst Menschliches „beraubt" in unserer (Arbeits-)Kultur. Der Leistung und dem Funktionieren wird beinahe alles untergeordnet, getrieben von der (Existenz-)Angst um unsere materielle Zukunft. Diese Angst lässt uns nicht selten Dinge tun, die wir unter dem Aspekt eines gesunden Lebens niemals tun würden. Nicht wenige erschöpfte Führungskräfte sprechen davon, dass sie sich selbst und ihre Werte und Ideale „verraten und verkaufen". Selbstverleugnung und Selbstverrat korrelieren nicht mit Selbstvertrauen, auf diese Weise höhlen wir uns selbst aus.

Und hier liegt die Gefahr im Verständnis von Resilienz. Sie bedeutet eben nicht, die eigene psychische Widerstandsfähigkeit zu stärken, um dadurch weiterhin in toxischen und pathogenen Verhältnissen funktionieren zu können. Resilienz bedeutet selbstbewusst und selbstvertraut die eigenen Werte zu verfolgen und Sinnhaftes zu tun in einem Umfeld, das als sozial unterstützend empfunden wird.

Während ich dies schreibe, kann ich das

Ja, aber….
Ich muss…
Sozialromantiker….

und vieles mehr hören und spüren.

Ja, wir sind noch ein ganzes Stück weit von der Umsetzung eines gesunden Lebens und Zusammenlebens entfernt, und gleichzeitig bewegt sich aktuell sehr viel in dieser Richtung.

Immer mehr Menschen streben ein natürlicheres Leben außerhalb der Norm an. Sie werden momentan häufig noch als „nicht normal" angesehen, doch wirkt deren Leben und Wirken gleichermaßen ansteckend auf andere. Die Entrepreneure für mehr Menschlichkeit besitzen Sogwirkung und werden neue Formen des Zusammenlebens und Arbeitslebens in die Welt bringen, wie zum Beispiel Bodo Janssen.

Für den Veränderungsprozess werden wir weiterhin auf diese individuellen Fackelträger angewiesen sein und natürlich auf das Wachsen von Gemeinschaften. Ein gesundes Leben braucht das Erleben wechselseitiger sozialer Unterstützung.

Resiliente Lebensführung ist ein Leben orientiert am ganzheitlichen Mensch-Sein und an Menschlichkeit. Beziehen wir diese Ganzheit mit ein, fehlt nichts, wir leben unserer Natur entsprechend ganz, heil und gesund. In diesem Sinne dürfen wir auch irgendwann damit beginnen, den Tod stärker in unser Leben zu integrieren, denn er ist ein wesentlicher Bestandteil unseres menschlichen Daseins. Doch damit wären wir bereits beim nächsten Tabuthema in unserer Kultur, das ein eigenständiges Buch verdient.

Ich danke Ihnen, dass Sie (Lebens-)Zeit in dieses Buch investiert haben. Ich wünsche Ihnen die Kraft, den Mut und die Entschlossenheit, den Weg hin zu einer resilienten Führungskraft in Angriff zu nehmen. Jeder noch so lange Weg beginnt ja bekanntlich mit dem ersten Schritt. Denen, die sich bereits auf dem Weg befinden, wünsche ich Geduld, Ausdauer und Beharrlichkeit, ihn weiter zu gehen.

Gestalten wir gemeinsam eine gesündere Zukunft, für uns selbst und für unsere Kinder.

P.S.

Schreiben Sie mir gerne Ihre Erfahrungen mit diesem Buch, Ihre Fragen, Anregungen und selbstverständlich auch Ihre Kritik. Lassen Sie uns gemeinsam das Thema „Psyche" stärker in die Öffentlichkeit bringen und zu seiner längst fälligen Entstigmatisierung beitragen.

5.3 Kompakt auf einer Seite: Der Weg zu einer resilienten (Selbst-)Führung und resilienten Strukturen

Führung braucht Führungskraft (Resilienz).

Führungskraft resultiert aus einer resilienten Selbstführung.

Resiliente Selbstführung braucht als Basis die Übernahme von Selbstverantwortung.

Nach der Übernahme von Selbstverantwortung braucht es Selbstreflexion.

In der Selbstreflexion betrachtet die Führungskraft ihre Ganzheit (bio-psycho-sozial und spirituell).

Aus der Selbstreflexion resultiert ein individuelles Belastungs- und Ressourceninventar.

Zur Ressourcenstärkung stehen die vier Resilienzfaktoren („4S") zur Verfügung

- Selbstvertrauen
- Soziale Unterstützung
- Sinn
- Selbstmitgefühl

Selbstvertrauen kann durch Arbeit an den Glaubenssätzen gestärkt werden („Mindset").

Selbstmitgefühl lässt sich durch Rückverbindung mit „verdrängten" Gefühlen stärken („Feelset").

Sinnhaftigkeit kann durch Werte gestärkt werden (und „Urvertrauen").

Soziale Unterstützung wird durch die Reduzierung toxischer und den Ausbau mitfühlender Umfelder gestärkt.

Auf Basis einer resilienten Selbstführung kann die Führungskraft andere Menschen resilient „führen" und als Multiplikator für resiliente Begegnungen und Strukturen agieren.

Resiliente Begegnungen („Führung") zeichnen sich durch Wertschätzung, Würdigung, Empathie, Mitgefühl, Sinnhaftigkeit, Miteinander und Menschlichkeit aus sowie durch eine konstruktive Kommunikation und Konfliktlösung.

Resiliente Menschen können gemeinsam menschliche, resiliente Strukturen und Verhältnisse gestalten, die ein gesundes Leben und Zusammenleben ermöglichen.

Resiliente Menschen stoßen an ihre Grenzen, wo Systeme an „ungesunden", toxischen Denk- und Verhaltensweisen festhalten und Veränderung in Richtung „gesünderer Verhältnisse" bewusst oder unbewusst (noch) verhindern.

Resilienz zeichnet sich nicht dadurch aus, sich toxischen Verhältnissen resilient anzupassen. Resiliente Führungskräfte verharren nicht in veränderungsresistenten, kraftraubenden Strukturen, sondern erlauben sich selbstfürsorglich, selbstmitfühlend und selbstvertraut immer wieder die Frage, was es für die eigene Gesundheit braucht:

LOVE IT – CHANGE IT – LEAVE IT

Literatur

1. Hüter, M. (2018). *Kindheit 6.7: Ein Manifest. Es ist höchste Zeit mit unseren Kindern neue Wege zu gehen* (S. 61). St. Pölten: Edition Liberi & Mundo.
2. https://wissen.org/2018/10/21/was-braucht-eine-organisation-um-ihre-resilienz-zu-staerken/

Printed in the United States
by Baker & Taylor Publisher Services